JN093116

オールカラー図解

流れがわかる日本史

かみゆ歴史編集部 編著

ONE PUBLISHING

流れがわかる日本史 目次

江戸時代

明治・大正・昭和(戦前)時代

昭和(戦後)・平成時代

・「中国大陸」と「朝鮮半島」の国名については、王朝名ではなく「中国」や「朝鮮」と表記した箇所もあります。

日本史×世界史クロニクル

紀元前〜2010年代に起きた、日本史上の重要なできごとと、同時期に世界で起きた重要事件を並列紹介する。

時代	日本史のできごと		世界史のできごと	
縄文〜古墳	前5世紀	稲作が始まる（弥生時代の始まり）	前5世紀	中国大陸が戦国時代に突入する
縄文〜古墳	3世紀中頃	邪馬台国の女王・卑弥呼が三国時代の魏に使者を送る		
縄文〜古墳	527	磐井の乱が鎮定される	532	ヨーロッパで西暦の使用が始まる
飛鳥・奈良	538	仏教伝来（552年説あり）	589	隋が2世紀半ぶりに中国大陸を統一する
飛鳥・奈良	603	厩戸王（聖徳太子）が冠位十二階を制定	610	ムハンマドがイスラム教を開く
飛鳥・奈良	663	白村江の戦い（日本が唐・新羅に敗北し朝鮮半島から撤退）		
飛鳥・奈良	712	『古事記』が完成する	712	唐で玄宗皇帝の治世が始まる（開元の治）
平安	794	桓武天皇が平安京に遷都する	800	カール大帝がローマ皇帝に即位する
平安	894	菅原道真が遣唐使を廃止する	907	唐の滅亡（中国大陸が五代十国時代に突入）
平安	1053	平等院鳳凰堂が完成する	1054	教会が東西に分裂する（東西教会が互いを破門）
平安	1167	平清盛が武士として初めて太政大臣となる	1169	サラディンがアイユーブ朝を開く
鎌倉	1185	鎌倉幕府の開府（守護・地頭の全国設置）	1187	イスラム勢力がエルサレムを奪還
鎌倉	1221	鎌倉幕府と朝廷の間に承久の乱が発生	1215	英国でマグナ・カルタ（大憲章）が制定
鎌倉	1260	日蓮が『立正安国論』を著す	1260	フビライ・ハンがモンゴル帝国皇帝となる
鎌倉	1274・1281	文永・弘安の役（二度の蒙古襲来）		
室町	1336	南北朝時代が始まる	1348	ヨーロッパでペストの流行が始まる
室町	1429	中山王・尚巴志が琉球王国を建国	1429	ジャンヌ・ダルクがオルレアンを解放（英仏百年戦争）
室町	1457	コシャマインに率いられてアイヌが蜂起	1453	ビザンツ帝国（東ローマ帝国）が滅亡
室町	1467	応仁の乱が発生する	1455	英国で王位をめぐりバラ戦争が勃発
室町	1485	山城の国一揆が起きる	1488	バルトロメウ・ディアスが喜望峰に到達
室町	1493	明応の政変（室町幕府の権威が失墜）	1492	コロンブスが「新大陸」に到達する

時代	年	日本の出来事	年	世界の出来事
戦国	1543	**南蛮貿易が始まる（鉄砲やキリスト教など欧州の文化・技術が伝来）**		
	1582	本能寺の変で織田信長が討たれる	1588	アルマダ海戦で英国がスペインに勝利
	1592・1597	**文禄・慶長の役（豊臣秀吉の朝鮮出兵）**		
	1600	関ケ原の戦いで徳川家康の東軍が勝利	1600	英国が東インド会社を設立する
江戸	1615	大坂夏の陣で豊臣家が滅亡する	1616	ヌルハチが後金（清）王朝を建国
	1638	江戸城の建設が完了する	1618	ヨーロッパで三十年戦争が勃発
	1639	**日本の鎖国体制が完成（ポルトガル船の来航禁止）**		
	1685	生類憐みの令が制定される	1688	英国で名誉革命が発生
	1829	葛飾北斎が『富嶽三十六景』を描く	1840	アヘン戦争勃発（清が英国に敗れる）
	1853	**米国のペリー艦隊が来航（翌年日本が開国する）**		
	1858	安政の大獄が始まる	1861	アメリカで南北戦争が勃発
	1867	王政復古の大号令により、明治新政府が成立	1871	プロイセンがドイツを統一する
明治～昭和（戦前）	1889	大日本帝国憲法が公布される	1890	アメリカがフロンティアの消滅を宣言
	1904	**日露戦争（日本が勝利して朝鮮半島の支配を確立・満州にも進出）**		
	1914	**第一次世界大戦開戦（日本は戦勝国になるが米・中など諸外国と対立）**		
	1919	**ヴェルサイユ・ワシントン体制が始まる（協調外交の時代）**		
	1929	**世界恐慌が発生（日本政府は対応を誤り、政治不信から軍部の暴走が始まる）**		
	1941	**太平洋戦争開戦（敗戦した日本は米国の占領下に）**		
昭和（戦後）～平成	1947	**東西冷戦の始まり（主権回復後、日本は自由主義の西側陣営に）**		
	1955	高度経済成長期が始まる	1956	スターリン批判（同じ東側陣営に属する中ソが対立）
	1956	日ソの国交回復（日ソ共同宣言）	1957	ソ連が初の人工衛星を打ち上げる
	1972	沖縄が米国から日本に返還される	1979	米中国交正常化が完了
	1989	**東西冷戦が西側陣営の勝利で終結（日米関係は維持）**		
	2015	安保関連法が成立する	2001	米国同時多発テロ（米の「テロとの戦い」が始まる）

紀元前5世紀頃　稲作が中国大陸から日本列島に伝播する

大陸から伝来した稲作文化により日本列島の社会はどう変化したか？

人々の間に階層が生まれ各地にクニが生まれる

稲作は約1万年前に中国長江《ちょうこう》の中・下流域で生まれたといわれる。始めは畑で稲を栽培する陸稲《りくとう》で、3000年ほどのちに水田耕作が始まったと考えられている。日本に伝えられたのは、日本最古の水田遺跡である佐賀県の**菜畑《なばたけ》遺跡**の調査から、紀元前5世紀頃と推定されている。

伝播のルートには、山東《さんとう》半島・朝鮮半島経由説、長江下流からの直接渡海説、台湾・南西諸島経由説など諸説あるが、水田耕作は山東半島から朝鮮半島を南下し九州北部へ伝わったとする説が有力である。また、山口県の土井ヶ浜《どいがはま》**遺跡**で発見された弥生時代の人骨は、縄文時代の人骨より身長が高く顔も長い。大陸の新石器時代人に似ており、稲作の技術とともに稲や金属器を携えた人々が渡来したと考えられている。**渡来人**は縄文人と混血を繰り返しながら、中国・四国地方から近畿、東日本へ水田耕作の技術を広めた。紀元前4世紀には西日本に水稲農耕が定着し、その後数百年かけて、日本列島の大部分が狩猟採集生活から稲作を基礎とする農耕社会へ移行した。この時期から紀元3世紀頃までを、東京本郷の弥生《やよい》町（文京区弥生）で発見された土器にちなんで**弥生時代**と呼んでいる。

ただし、弥生時代の始まりに異説もある。2003年、国立歴史民俗博物館は、縄文晩期の土器に付着していた炭化物を放射性《ほうしゃせい》炭素《たんそ》年代測定で測定した結果、水田耕作の始まりが500年ほどさかのぼると発表した。これには研究者も賛否両論を寄せており定説はないが、今後の調査次第で弥生時代の開始年代が変わる可能性もある。

農耕の開始は人々の生活を変えた。住居の数が増えて集落は巨大化し、周りに濠《ほり》や土塁《どるい》をめぐらした**環濠集落《かんごうしゅうらく》**も現れた。集団内部に身分差が生まれたのもこの時代である。灌漑《かんがい》用水の確保や余剰生産物の奪い合いが行われるようになり、石や鉄で作った武器が用いられるようになった。集団を率いる統率力、鉄を手に入れるための交渉力を備えた人物が集団の代表的地位を得るようになり、富を蓄積していく中で貧富の差が生まれたと考えられている。やがて、強力な集落は周辺の集落を統合して勢力を拡大し、各地に**クニ**と呼ばれる政治的・軍事的な共同体が生まれていった。

板付遺跡
日本で最初期の環濠集落。縄文時代晩期の土層から水田跡や農機具が発見されている（福岡県福岡市）。

歴史の流れ

長江の中・下流域で稲作文化が誕生

▼

前5世紀頃、北九州に伝わる。前10世紀という説もある

▼

前4世紀頃、狩猟採集生活から農耕社会へと移行

▼

集落の巨大化
階層や貧富の差が生まれる

▼

政治・軍事を統べる共同体の誕生

稲作文化は数千年かけて日本列島へと伝播した

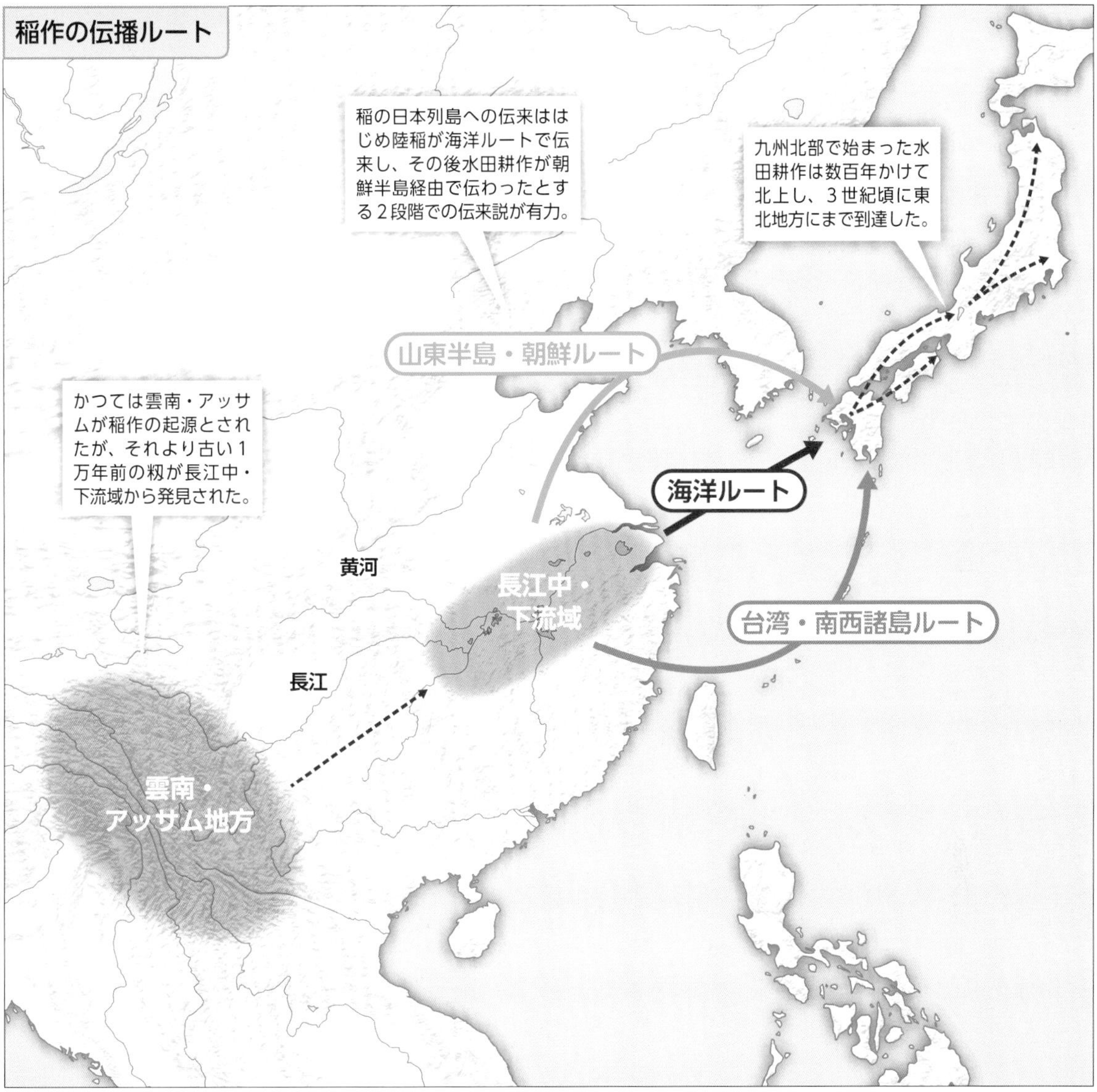
稲作の伝播ルート
稲の日本列島への伝来ははじめ陸稲が海洋ルートで伝来し、その後水田耕作が朝鮮半島経由で伝わったとする２段階での伝来説が有力。
九州北部で始まった水田耕作は数百年かけて北上し、３世紀頃に東北地方にまで到達した。
山東半島・朝鮮ルート
かつては雲南・アッサムが稲作の起源とされたが、それより古い１万年前の籾が長江中・下流域から発見された。
海洋ルート
黄河
長江中・下流域
台湾・南西諸島ルート
長江
雲南・アッサム地方

その時世界は？

日本列島が弥生時代だった頃、中国大陸は春秋・戦国時代を迎える

前5世紀以降
前7世紀以降

紀元前 1046 年（前 1027 年とも）、約 500 年続いた殷《いん》王朝が周《しゅう》に滅ぼされた。氏族の連合政権であった殷に対し、周は一族・功臣を地方の君主である諸侯に任じ、貢納や軍役を負わせる封建制をしいた。周王は天命により王になったとして王権簒奪を正当化し天子を称した（殷周革命）。中国の王朝交代の根拠となる革命がここに始まる。しかし前 770 年、内部対立と周辺諸族の侵入などにより周は弱体化。斉《せい》・楚《そ》・晋《しん》などが分立する春秋時代となる。前 403 年には有力国家の晋が韓《かん》・魏《ぎ》・趙《ちょう》に分裂。燕《えん》や秦《しん》を加えた「戦国の七雄」が割拠し戦乱を繰り返す戦国時代が続いた。

春秋・戦国時代に登場し、諸子百家の一つ、儒家の教えを説いた孔子（湯島聖堂／東京都文京区）。

3世紀中頃 邪馬台国の女王卑弥呼が魏に遣使する

「魏志」倭人伝に記された 邪馬台国はどこにあったのか？

中国の歴史書に記された 弥生後期の日本列島の状況

　弥生時代の半ば、日本列島各地に生まれたクニは、紀元前後には１００余国に分かれ、各地の首長は権力を強化するために中国大陸との交流を進めた。１世紀成立の『漢書《かんじょ》』地理志によると、倭《わ》（日本）の首長は前漢の楽浪郡《らくろうぐん》に定期的に貢物を贈っていたという。『後漢書』東夷伝には、57年に倭の奴《な》国王が後漢の光武帝《こうぶてい》から印綬を受けたこと、１０７年に倭国王帥升《すいしょう》らが安帝に１６０人の奴隷を献上したことが記されている。印綬については志賀島（福岡県福岡市）で**「漢委奴国王《かんのわのなのこくおう》」**と刻まれた金印が出土しており、史書の記述が事実であることが明らかになっている。

　クニが発展するにつれ争いも増えた。**「魏志《ぎし》」倭人伝《わじんでん》**によると、２世紀の終わりに倭国で大乱が続いたが、諸国が連合し**邪馬台国《やまたいこく》**の**卑弥呼《ひみこ》**を女王に立てることで収まったという。卑弥呼は鬼道《きどう》（巫術《ふじゅつ》）により神の言葉を伝える巫女《みこ》で、弟の補佐を受けて政治を行ったという。２３９年には魏に朝貢し**「親魏倭王《しんぎわおう》」**の称号と金印などを賜った。これは、卑弥呼が魏の皇帝から倭王であることを認められたことを意味する。ただし、邪馬台国はあくまで約30カ国からなる倭国連合の盟主にすぎず、統一国家を形成するには至らなかったとされる。実際、「魏志」は邪馬台国の北に伊都《いと》国があり諸国を検察したと記しており、邪馬台国が聖権力を、伊都国が俗権力を分担する形で倭国連合が成立したという説もある。一方、南の狗奴《くな》国とは敵対関係にあり、卑弥呼は魏の権威を後ろ盾にして同国と争った。

　卑弥呼の死後、邪馬台国では男王が立ち、ふたたび混乱したが、卑弥呼の同族の壱与《いよ》が女王になり収まったという。しかし２６６年、晋《しん》に使者を送ったのを最後に情報は途絶え、邪馬台国は史書から姿を消す。

　邪馬台国の所在地には**畿内説**や**九州説**等があるが、発掘調査の結果から近年は畿内説が有力とされる。奈良県桜井市の**纒《まき》向《むく》遺跡**は、規模や計画的な建物配置など王宮と呼ぶにふさわしく、「魏志」が記す卑弥呼の宮室である可能性も指摘されている。これが事実なら、邪馬台国が後のヤマト政権と連続性をもった政権であった可能性も出てくる。邪馬台国の存在は日本の成立を探るうえで大きなカギを握っている。

箸墓古墳
纒向遺跡の箸墓古墳は最古級の前方後円墳で、卑弥呼の墓という説もある（奈良県桜井市）。

歴史の流れ

日本列島各地にクニが登場
▼
倭国大乱
クニ同士が争う倭国
▼
邪馬台国の卑弥呼が女王となり乱を収める
▼
中国大陸から倭王を認められる
▼
邪馬台国はのちのヤマト政権につながるのか？

邪馬台国の所在地は九州だったのか？ 畿内だったのか？

中国大陸から邪馬台国への推定ルート

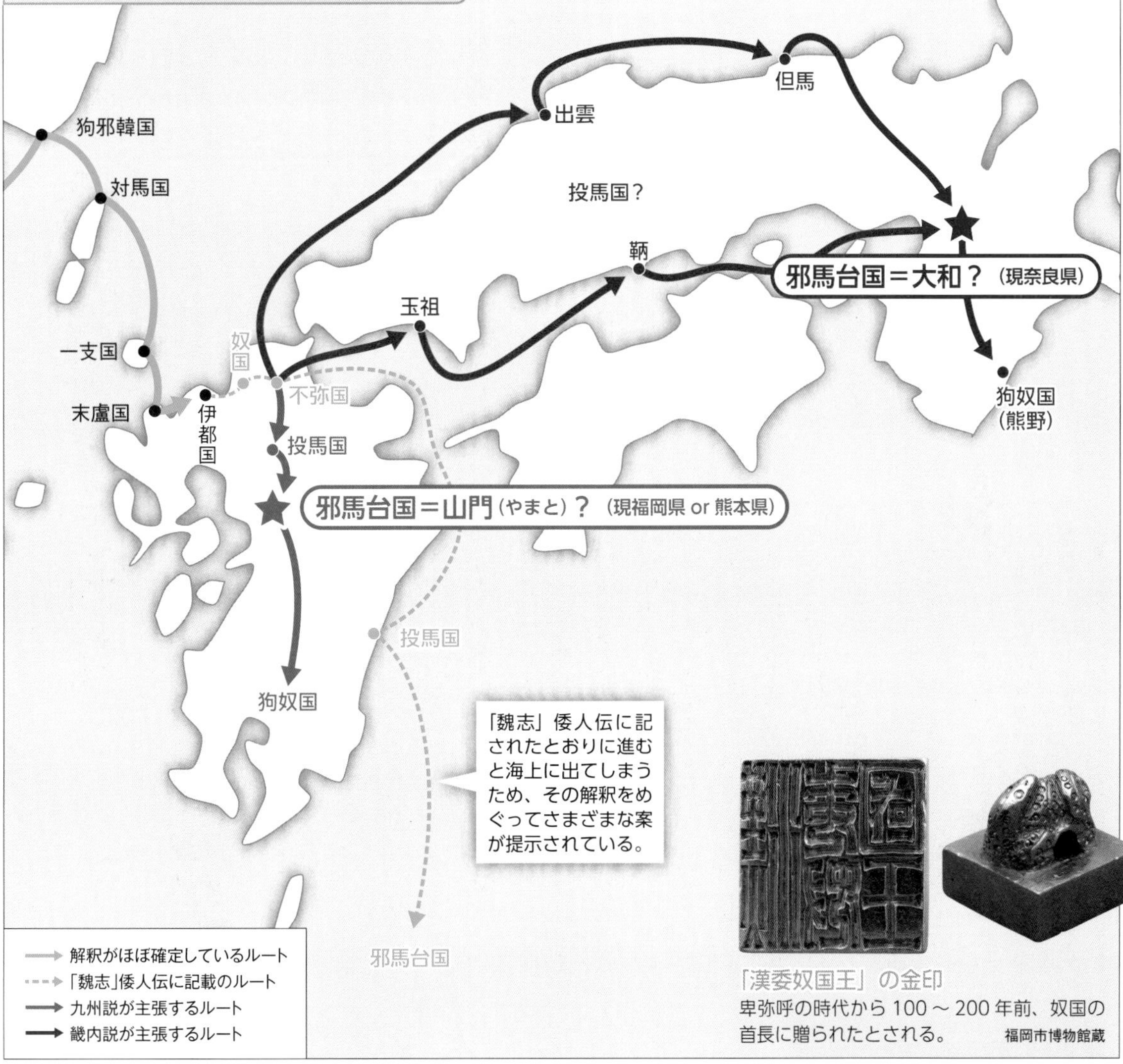
狗邪韓国
対馬国
一支国
末盧国
伊都国
奴国
不弥国
投馬国
邪馬台国＝山門（やまと）？（現福岡県 or 熊本県）
狗奴国
投馬国
邪馬台国
玉祖
鞆
出雲
投馬国？
但馬
邪馬台国＝大和？（現奈良県）
狗奴国（熊野）
「魏志」倭人伝に記されたとおりに進むと海上に出てしまうため、その解釈をめぐってさまざまな案が提示されている。
解釈がほぼ確定しているルート
「魏志」倭人伝に記載のルート
九州説が主張するルート
畿内説が主張するルート

「漢委奴国王」の金印
卑弥呼の時代から 100 ～ 200 年前、奴国の首長に贈られたとされる。 福岡市博物館蔵

その時世界は？

卑弥呼が女王になった頃、中国の後漢では黄巾の乱が起こる

2世紀後半
184年

　倭国で大乱が勃発していた頃、中国大陸では黄巾《こうきん》の乱という農民反乱が起こり後漢は衰退した。各地で群雄が割拠する中、曹操《そうそう》は袁紹《えんしょう》を破り華北を統一したが、赤壁の戦いで孫権《そんけん》・劉備《りゅうび》の連合軍に敗れ中国統一は果たせなかった。曹操の後を継いだ曹丕《そうひ》が 220 年、後漢から禅譲を受けて魏《ぎ》王朝を建てると（漢魏革命)、劉氏の蜀《しょく》、孫氏の呉《ご》も独立し魏・呉・蜀が並び立つ三国時代となる。その後、魏では司馬《しば》氏がクーデターにより実権を掌握し、263 年に蜀を平定。2 年後、曹氏から帝位を奪い西晋《せいしん》を建国した司馬炎は、280 年に呉も滅ぼし、60 年ぶりの中国統一を果たす。

蜀の軍師として活躍した孔明（中国成都・武侯祠)。

4世紀 ヤマト政権の支配領域を示す前方後円墳が列島に拡大

ヤマト政権はいつ誕生し、どのように列島に広がったのか？

中国・朝鮮と活発に交流し大陸の先進技術を導入

古代の首長の墳墓である**前方後円墳**《ぜんぽうこうえんふん》が築かれ始めるのは、3世紀半ばのことである。出現期の古墳には、長い木棺《もっかん》を収めた竪穴式石室《たてあなしきせきしつ》や銅鏡《どうきょう》・玉類など呪術的な副葬品、葺石《ふきいし》や埴輪《はにわ》などの外表施設といった共通の特徴がみられ、各地の首長が共通の墓制を持っていたことを表している。

加えて、この時代の古墳は**箸墓古墳**《はしはか》をはじめ大和地方（奈良県）のものがもっとも大きいことから、3世紀、大和を中心とする近畿中央部に政治連合（**ヤマト政権**）が形成され、西日本各地の地域首長と広域の連合関係を結んでいたと考えられている。その後、古墳は東北地方まで波及し、遅くとも4世紀中頃までに、東日本もヤマト政権に組み込まれたと考えられている。

ヤマト政権は中国・朝鮮と積極的に通交を結んだ。4世紀には朝鮮に出兵して百済《くだら》・加耶《かや》とともに高句麗《こうくり》と戦っている。5世紀には讃《さん》・珍《ちん》・済《せい》・興《こう》・武《ぶ》の**「倭《わ》の五王」**が約1世紀にわたって中国の南朝に朝貢し、倭王の地位を認められている（五王のうち讃・珍は応神《おうじん》・仁徳《にんとく》天皇など諸説がある。済・興・武は允恭《いんぎょう》・安康《あんこう》・雄略《ゆうりゃく》の各天皇と推定されている）。大陸との交流の中で鉄器・須恵器《すえき》（青炭色で硬質な土器）・機織《はたお》り・金属工芸・土木などの先進技術が伝えられ、渡来人たちはヤマト政権によって陶作部や鞍作部などの技術者集団として組織された。

列島内の統治機構も徐々に整備され5〜6世紀には**氏姓制度**ができた。豪族はおもに血縁によって氏《うじ》に編成され、氏ごとに職務を分担する一方、大王から臣《おみ》・連《むらじ》・君《きみ》などの姓（カバネ）を与えられ、葛城《かずらき》氏や物部《もののべ》氏などの有力豪族は大臣・大連として国政を担った。地方行政は各地の豪族を国造《くにのみやつこ》に任じてあたらせた。

しかし、当時はまだヤマト政権に反発する地方勢力もあった。527年、筑紫《ちくし》の**磐井**《いわい》が朝鮮の新羅《しらぎ》と通じて北九州で反乱を起こした。物部麁鹿火《あらかび》率いる討伐軍は2年がかりでこれを制圧し、九州に屯倉《みやけ》（直轄領）を設定した。このように、地方豪族を従属させながら、ヤマト政権は全国に支配を広げていったのである。

古墳時代の騎馬武人（馬上の大首長／復元）
騎馬文化も渡来人によってもたらされたもので、黄金の装飾がされた馬具は権威のシンボルだった。　島根県立古代出雲歴史博物館蔵

歴史の流れ

3世紀頃
ヤマト政権が誕生

▼

古墳が列島各地に広がる

▼

4世紀
朝鮮半島に出兵

▼

5世紀、倭の五王が中国へ朝貢

▼

支配地域の拡大
有力豪族による政治

古墳が語りかけるヤマト政権の政治構造

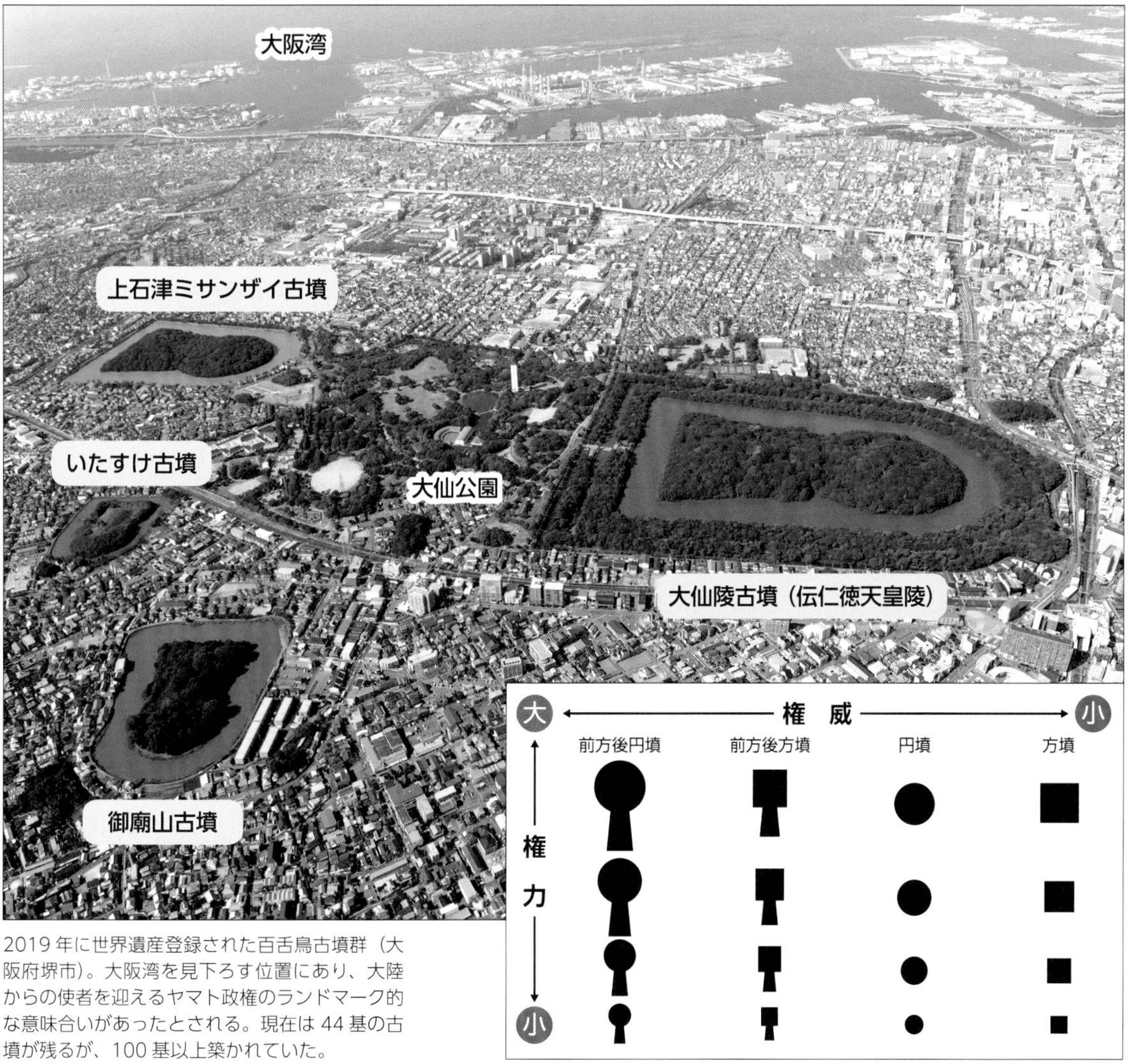
大阪湾
上石津ミサンザイ古墳
いたすけ古墳
大仙公園
大仙陵古墳（伝仁徳天皇陵）
御廟山古墳
大
権威
小
権力
大
小
前方後円墳
前方後方墳
円墳
方墳

2019 年に世界遺産登録された百舌鳥古墳群（大阪府堺市）。大阪湾を見下ろす位置にあり、大陸からの使者を迎えるヤマト政権のランドマーク的な意味合いがあったとされる。現在は 44 基の古墳が残るが、100 基以上築かれていた。

列島各地に残る古墳を分析すると、古墳の形や規模と、各豪族の権威・権力の大きさの間に相関関係があると推定される。『図説日本史通覧』（帝国書院）より

その時世界は？

磐井の乱が鎮圧された頃、ヨーロッパで西暦の使用が始まる

527年

532年

西暦はイエス・キリストが生まれたとされる年の翌年を紀元とする紀年法である。紀元前の BC は「Before Christ」、紀元後の AD は「Anno Domini」（主の年）を表す（ただし実際の生年は紀元前 6 〜 4 年頃とされる）。この紀年法ができたのは、磐井の乱が鎮圧された少し前の 525 年のこと。ローマの神学者ディオニシウス・エクシグウスがキリストの生年を推算し、532 年に発表した復活祭周期表で初めて用いた。ヨーロッパで一般的に使用されるようになるのは 15 世紀以降である。日本には戦国時代にキリスト教の宣教師によってもたらされ、明治後に使用が始まった。

キリストの生誕地とされる場所に立つ降誕教会（パレスチナ・ベツレヘム）。

6世紀中頃　仏教が日本列島に伝来する

古墳に代わり仏教寺院がヤマト政権の権威の象徴になる

大陸文化の影響を受けた飛鳥文化が花開く

日本に**仏教**が伝えられたのは6世紀半ばである。当時、朝鮮半島では高句麗《こうくり》が新羅《しらぎ》・百済《くだら》を圧迫し、加耶《かや》が滅ぼされるなど激動の時代を迎えていた。そうした中、百済が倭国に軍事協力を求めて仏像や経論、仏器などを贈ってきたのである。

ヤマト政権において、積極的に仏教を受け入れたのが**蘇我稲目**《そがのいなめ》だった。蘇我氏は渡来人と結んで朝廷の財産管理に関与し力を伸ばした新興の豪族である。『日本書紀《にほんしょき》』によると、崇仏《すうぶつ》派の稲目は在来の国神《くにつかみ》を信仰する廃仏派の物部《もののべ》氏と対立したという。ただし、物部氏も氏寺《うじでら》（渋川廃寺）を造営しており、必ずしも廃仏一辺倒ではなかった。東アジア情勢が緊迫化する中、仏教の受容が中国・朝鮮との交渉にもかかわる政治課題であることを、伝統的な豪族たちも認識していたのであろう。

蘇我氏の全盛期である6世紀末～7世紀前半に花開いたのが**飛鳥**《あすか》**文化**である。特徴の一つは、仏教文化が中心となっている点だ。蘇我氏の**飛鳥寺**（法興寺）や、厩《うまや》戸王《とおう》（聖徳太子）創建とされる四天王寺や**法隆寺**（斑鳩《いかるが》寺）などが次々と建てられ、古墳に代わる新たな権威の象徴とされた。飛鳥寺は金堂や塔などをもち、瓦屋根や礎石を用いた本格的な伽藍をもつ初めての寺院で、百済から渡来した僧侶や技術者の協力により建立された。『日本書紀』に記された職人にはペルシアや西域系の名前もあり、国際色豊かな事業だったことがわかる。

仏像彫刻は中国北朝の形式を受け継いだ**北魏**《ほくぎ》**様式**と、南朝の様式を踏まえた**南**《なん》**梁**《りょう》**様式**に分類される。北魏様式は鞍作止《くらつくりのと》利《り》らが制作したもので、日本最古の仏像である飛鳥寺の釈迦如来《しゃかにょらい》像や法隆寺金堂の釈迦三尊像など整った厳しい表情に特徴がある。南梁様式は法隆寺の百済観音像が代表で、崇高で温かみのある美しさをもつ。

工芸品では、法隆寺の玉虫厨子《たまむしのずし》や獅子狩文様錦、中宮寺の天寿国繍帳《てんじゅこくしゅうちょう》などがある。随所に唐草文様やペガサスなどの意匠が施され、ペルシアやインド、ギリシアなど国際的な文化の影響を受けている点も飛鳥文化の特徴とされている。

飛鳥寺の釈迦如来像

歴史の流れ

6世紀半ば、仏教伝来

▼

崇仏派 VS 廃仏派

▼

崇仏派である蘇我氏が勝利
寺院や仏像を建立

▼

飛鳥文化＝仏教文化
の誕生と隆盛

▼

仏教寺院が
権威の象徴となる

仏教はどのようなルートで日本に伝来したのか

仏教の誕生と伝播
ヘレニズム文化の影響を受け、仏像がつくられはじめる。
敦煌
1世紀頃
雲崗
4世紀
高句麗
朝鮮半島を経由して日本に伝来。538年説と552年説がある。
1世紀頃
竜門
4世紀
百済
新羅
4世紀
日本（倭）
6世紀
東晋
チベット
ラサ
ガンダーラ地方
中国では1世紀、前漢の時代に流入し、4～5世紀の東晋の頃に中国仏教が確立した。
ブッダガヤ
紀元前5世紀誕生
アジャンター
ガウタマ＝シッダールタ（釈迦）が悟りを開く。
インド
6～7世紀頃
タイ
ベトナム
カンボジア
スリランカ
マレーシア
ジャワ
個人の悟りを重んじる上座部仏教が生まれ、東南アジア一帯に広がる。

2～3世紀頃、ガンダーラ地方でつくられた釈迦像。ギリシア彫刻の影響が感じられる。　東京国立博物館蔵

その時世界は？

蘇我馬子が飛鳥寺を創建した頃、中国で隋が273年ぶりに中国を統一

6世紀末頃 589年

4世紀初頭の西晋《せいしん》の滅亡後、中国は分裂の時代を迎える。華北では多くの国々が興亡を繰り返す五胡十六国《ごこじゅうろっこく》時代が続き、江南では東晋《とうしん》が興った。5世紀前半、華北は北魏《ほくぎ》に統一されたが間もなく東西に分かれ、華南では宋《そう》・斉《せい》・梁《りょう》・陳《ちん》の4王朝が交替した（南北朝時代）。長い分裂の時代を終らせたのが、北周《ほくしゅう》の大将軍だった楊堅《ようけん》（文帝）である。581年、北朝から帝位を奪って隋《ずい》を建国。589年、南朝を倒して273年ぶりに中国統一を果たした。隋はわずか30年ほどで唐に滅ぼされるが、律令を制定し官吏登用試験の科挙《かきょ》を導入するなど、後の中国に大きな影響を与えた。

隋の初代皇帝である文帝（楊堅）。

604年 厩戸王（聖徳太子）が憲法十七条を制定する

東アジアの文明国を目指した 厩戸王と蘇我氏の政治改革

東アジアの動向を捉え 冠位制や成文法を制定する

7世紀初頭はヤマト政権が官僚制への一歩を踏み出した時代だった。587年、**蘇我馬子**《そがのうまこ》は対立する**物部守屋**《もののべのもりや》を滅ぼし、592年には崇峻《すしゅん》天皇を暗殺。姪の推古《すいこ》天皇を即位させ朝廷の実権を握ると、推古の甥である**厩戸王**《うまやとおう》**（聖徳太子）**とともに、倭国を東アジアの文明国にするための改革に着手する。

603年に制定された**冠位十二階**《かんいじゅうにかい》は、個人に対して冠位を与え、朝廷に仕える豪族を序列化する制度である。地位や職業が世襲される従来の氏姓制度に風穴を開け、官僚機構を構築するのが狙いだったが、王族と蘇我氏には適用されず特権的な地位は温存された。604年に制定された**憲法十七条**は「和《わ》を以《もっ》て貴《たっと》しと為《な》し」で始まる日本初の成文法である。ただし、内容は儒家思想に基づく訓戒で、豪族に官僚としての自覚を求めることが目的であった。

中国・隋《ずい》との外交も活発に行われた。第1回となった600年の**遣隋使**《けんずいし》では、皇帝煬帝《ようだい》から倭国の政務の後進性を指摘された。607年には小野妹子《おののいもこ》が「日出《ひい》づる処の天子、書を日没する処の天子に致す」という国書を呈し煬帝を怒らせたが、隋から独立した君主の存在を認められることで、朝鮮諸国に対する優越性を確立する狙いがあったともいわれる。翌年の遣使では高向《たかむこの》玄理《くろまろ》や僧旻《みん》が同行して隋の制度や文化を学び、後の大化改新《たいかのかいしん》に影響を与えた。

厩戸王の死後、馬子の孫・入鹿《いるか》が厩戸の遺児である山背大兄王《やましろのおおえのおう》の一族を滅ぼして独裁をしいた。背景には激動する朝鮮半島の情勢があったという。中国大陸では7世紀初頭、唐が隋を滅ぼし朝鮮半島へ進出。これに対抗するため、高句麗と百済では相次いでクーデターが勃発し、政治権力の強化が図られた。入鹿の独裁も東アジア情勢を踏まえた権力集中の一環だったとされる。

これに対し、王族を中心とする中央集権国家を築いて国力を高める道を模索したのが中大兄皇子《なかのおおえのみこ》（天智《てんじ》天皇）だった。645年、中大兄は中臣鎌足《なかとみのかまたり》とはかって宮殿で入鹿を暗殺（**乙巳**《いっし》**の変**）。国政から蘇我氏の影響力を排除し、中央集権化に向けた「大化改新」に着手するのである。

石舞台古墳

巨石を用いて築かれた横穴式石室である石舞台古墳。蘇我馬子の墓ともいわれる（奈良県明日香村）。

歴史の流れ

中国から文明国と認められるために政治改革が必要

▼

冠位十二階 憲法十七条 などの諸制度発令

▼

遣隋使の派遣

▼

国家体制の基盤が固まる。より中央集権を目指した「大化改新」へ

厩戸王（聖徳太子）をめぐるミステリー

ミステリー1 聖徳太子という人物は実在しなかった？

従来、摂政として女帝・推古天皇を補佐した大政治家とされてきた聖徳太子だが、近年では「聖徳太子」という人物は実在しなかったとする説が有力である。当時、皇位継承者に「厩戸王」という人物がおり、後世になって厩戸王や蘇我氏が行った政治改革は「聖徳太子」が手がけたものだとねつ造されたというのだ。「聖徳太子」という名は奈良時代の史料に初出するもので、「摂政」という役職も当時はなかった。こうした研究を踏まえ、現在の教科書では「厩戸王（聖徳太子）」と表記されている。

ミステリー2 憲法十七条は聖徳太子の功績ではない？

「聖徳太子」という人物が架空である以上、その功績にも疑いの目が向けられている。その一つが、憲法十七条の存在だ。条文内で使われている「国司」は701年の大宝律令以降に用いられた用語であり、また条文全体が8世紀の『日本書紀』などの記述に酷似している。そのため、憲法十七条は奈良時代に創作されたという説が提起されている。それ以外にも、遣隋使は聖徳太子ではなく蘇我馬子が主導した、法隆寺は太子の死後に建立されたなどの説がある。

ミステリー3 有名な肖像画も聖徳太子とは別人？

聖徳太子といえば、昭和時代に旧一万円札などに描かれていた肖像画（右に模写を掲載）を思い浮かべる人も多いだろう。この肖像画は「聖徳太子及び二王子像」と呼ばれるもので、長らく法隆寺が所蔵してきた。しかし、ここに描かれている冠や着衣は太子と同時代には存在しておらず、8世紀頃のものという考えが定説になりつつある。また、肖像画は百済の王子・阿佐太子の「唐本御影」を模写したという伝承もある。

聖徳太子及び二王子像（「唐本御影」）
東京大学史料編纂所蔵（模写）

なぜ、「聖徳太子」は創作されたのか？

聖徳太子非実在説を唱えた歴史学者・大山誠一氏によると、『日本書紀』制作を主導した藤原不比等らが「聖徳太子」ねつ造の犯人だという。不比等らは、律令国家における理想の天皇像を示すため、「聖徳太子」という人物を造り上げて、様々な人物や時代の事績を仮託したという。ただし、非実在説には反論も多く、「聖徳太子」という存在はいまだ議論の対象になっているのである。

その時世界は？

冠位十二階が制定された頃、ムハンマドによりイスラム教が開かれる

603年 610年

キリスト教に次いで多くの信者数をもつイスラム教は、7世紀前半にムハンマドによって開かれた。当時、アラビア半島では西部のメッカやメディナの繁栄により大商人が富を独占し、貧富の差が拡大していた。キリスト教の普及により従来の多神教への信仰も揺らぐ中、メッカの有力氏族ムハンマドは610年、唯一神アッラーの啓示を受け、神の前に人は平等であると説いた。商人から迫害を受けたムハンマドは、622年にメディナに移住（ヒジュラ〈聖遷〉＝この年がイスラム暦元年）して教団を組織。その後メッカを征服し、アラビア半島を統一した。

ムハンマドの生誕地であり、イスラム教最大の聖地とされるメッカのカアバ神殿（サウジアラビア）。

663年 白村江の戦いで唐・新羅連合軍に敗北

白村江における歴史的敗戦は日本に何をもたらしたのか?

防人や朝鮮式山城など強固な防衛体制がしかれる

646年に始まる**大化改新**《たいかのかいしん》によって、日本は中央集権国家への道を歩み始める。土地と国民を国家の所有とする公地公民制がめざされ、人口・土地調査や地方行政区画である評《こおり》（郡）の設置などが進められた。

一方、朝鮮半島では新羅《しらぎ》が台頭し、唐《とう》と連合して660年に百済《くだら》を滅ぼす。百済旧臣が抵抗運動を続けていることを知った倭国政府は、これを支援するために大軍を整え、斉明《さいめい》天皇や皇太子の中大兄皇子《なかのおおえのみこ》も北九州に移り決戦に備えた。しかし663年、倭国軍は朝鮮半島南西部の**白村江**《はくそんこう》**の戦い**で唐・新羅連合軍に大敗を喫する。

敗戦に衝撃を受けた朝廷は664年以降、唐の襲来に備えて防衛策を次々と講じていく。対馬《つしま》・壱岐《いき》・筑紫《つくし》国に沿岸防備兵の防人《さきもり》と緊急連絡のための烽《とぶひ》（のろし）が置かれ、博多湾沿岸にあった**大宰府**《だざいふ》は内陸部に移されて、周辺に水城《みずき》や大野城《おおのじょう》などの防衛施設が築かれた。さらに、九州から瀬戸内、近畿に至る要地に長門城や屋嶋城、高安城などの**朝鮮式山城**が構築された。

667年、都が飛鳥から近江大津宮《おうみおおつのみや》に遷されたのも防衛政策の一環であったといわれる。近江は外敵の侵入経路になる瀬戸内から遠く、琵琶湖の水運を使って東国に向かうのも容易であった。翌年、中大兄皇子は即位して**天智**《てんじ》**天皇**となり、最初の戸籍である庚午年籍《こうごねんじゃく》の作成、初の体系的法典とされる近江令の制定（完成を疑う説もある）など、国力増強策を推し進めた。668年には百済に続いて高句麗《こうくり》も唐に滅ぼされており、国家存亡の危機を感じながらの改革であったに違いない。

671年、天智天皇が重篤に陥ると、弟の大海人皇子《おおあまのみこ》は皇位の野望がないことを示すため出家して吉野に隠遁した。しかし、間もなく天智が亡くなると、大海人は伊勢を経て美濃国に入り、東国の豪族を動員して近江朝廷を滅ぼし（**壬申**《じんしん》**の乱**）、673年、飛鳥浄御原宮《あすかのきよみはらのみや》で即位して**天武**《てんむ》**天皇**となる。乱の結果、近江朝廷を支えた有力豪族の多くが失脚したことで、天武天皇はかつてない専制権力を得て、律令国家の構築を強力に推し進めていくのである。

天智天皇（中大兄皇子）
[626-671] 蘇我氏を排斥した乙巳の変を実行。白村江での敗戦ののち、様々な政治改革を断行して朝廷の権限強化に努めた。

歴史の流れ

新羅と唐が同盟
両国により百済滅亡
▼
百済復興と権益確保のため
朝鮮に出兵
▼
白村江の戦い
倭国敗北
▼
国家存亡の危機感
▼
唐の律令制を手本に
専制的体制の強化

白村江の敗戦の危機感が朝廷の中央集権化を促した

白村江の戦い前後の東アジア情勢

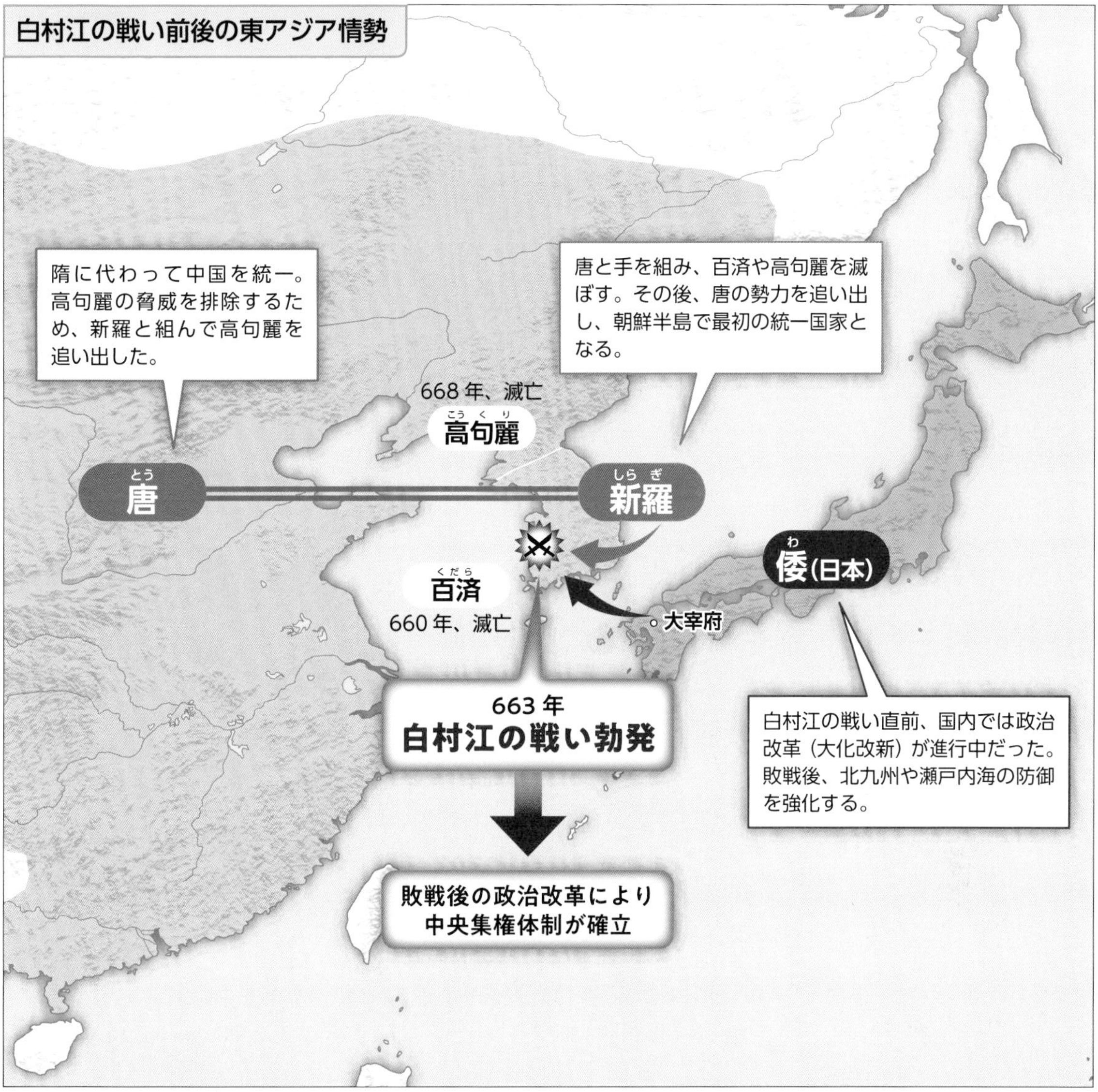
隋に代わって中国を統一。高句麗の脅威を排除するため、新羅と組んで高句麗を追い出した。
唐と手を組み、百済や高句麗を滅ぼす。その後、唐の勢力を追い出し、朝鮮半島で最初の統一国家となる。
668年、滅亡
高句麗《こうくり》
唐《とう》
新羅《しらぎ》
倭《わ》(日本)
百済《くだら》
660年、滅亡
大宰府
663年
白村江の戦い勃発
白村江の戦い直前、国内では政治改革（大化改新）が進行中だった。敗戦後、北九州や瀬戸内海の防御を強化する。
敗戦後の政治改革により
中央集権体制が確立

その時世界は？

白村江の戦いが起きた頃、玄奘三蔵がインドから唐に帰国

663年 645年

『西遊記』は孫悟空とその仲間が、三蔵法師を妖怪や災厄から守り天竺《てんじく》（インド）をめざす物語。中国四大奇書の一つとされるが、実在した唐の高僧三蔵法師玄奘《げんじょう》が西域を旅した史実をモチーフとしている。玄奘は28歳の時、原典に基づく経典の研究を志し、仏教発祥の地であるインドをめざす。各地の仏跡を訪ねて多くの仏像・経典を得て645年に帰国。サンスクリット語で書かれた経典を翻訳した。白村江の戦いの翌年、63歳で亡くなるが、玄奘の忠実な翻訳は旧訳に対し新訳と呼ばれ、中国や日本の仏教教理の基本となった。

玄奘を祀る興教寺の三蔵院（中国・西安）。

743年 大仏造立の詔が発布される

奈良時代、仏教を中心とする国家体制はどう発展したのか？

「日本」という国号が誕生 国家の基盤整備が進む

天武天皇《てんむ》によって着手された中央集権化政策は、次の持統《じとう》天皇の時代に飛鳥浄御原令《あすかきよみはらりょう》の施行、初の都城である藤原京の造営として結実した。701年には藤原不比等《ふひと》らによって大宝律令《たいほうりつりょう》が完成。翌年、派遣された遣唐使が初めて「日本」の国号を称したのも、国家として発展を遂げる自信の表れであったろう。710年には藤原京から奈良盆地北部の**平城京**へ遷都が行われ、80余年におよぶ奈良時代が始まる。

奈良時代は中央で長屋王《ながやおう》の変や恵美押勝《えみのおしかつ》の乱が、地方では藤原広嗣《ひろつぐ》の乱が起こるなど政変・謀反が相次いだ一方、遣唐使の活発化に伴う大陸文化の流入により、国際色豊かな天平《てんぴょう》文化が花開いた。**聖武天皇《しょうむ》**や光明《こうみょう》皇后の遺品を納める東大寺の**正倉院《しょうそういん》**は、シルクロードの東の終着点ともいわれ、遠く西アジアから中国・朝鮮経由で渡来した工芸品が収められている。南インド産の紫檀にラクダやペルシア人を描いた螺鈿《らでん》紫檀五絃琵琶《たんのごげんびわ》、鳥の形をしたペルシア風の漆《しっ》胡瓶《こへい》、切子装飾を施した西アジア産の白瑠《はくる》璃碗《りのわん》などが代表である。

8世紀半ばの聖武天皇は仏教中心の国づくりをめざし、全国に国分寺・国分尼寺を建立させ、鎮護国家の象徴として**東大寺**と**大仏**を築いた。そのため仏教文化も発展し、仏像は従来の金銅像・木像のほか、粘土の塑像や漆で固めた乾漆像《かんしつぞう》の技法が発達。興福寺の阿修羅像や東大寺戒壇堂の広目天像などの傑作が生まれた。思想面では仏教理論の研究が進み法相宗《ほっそう》・華厳宗《けごん》などの南都六宗が生まれ、唐の鑑真《がんじん》により戒律（僧侶になるための受戒の知識）が伝えられた。近世まで続く神仏習合思想（仏と神を同一視する考え）もこの時代に生まれた。

国家意識の高まりから国史の編纂も進み、712年に神話・伝承をまとめた『**古事記《こじき》**』、720年に歴代天皇の事績を編年体で記した『**日本書紀《にほんしょき》**』が編まれた。地方の伝承を筆録した地誌「風土記《ふどき》」、最古の歌集『**万葉集《まんようしゅう》**』や漢詩集の『懐風藻《かいふうそう》』の完成もこの時代である。長らく日本社会の基盤となる律令制や仏教、和歌など文化・制度のさまざまな面で、奈良時代は日本文化の基層を形作ったのである。

東大寺の盧舎那仏像
聖武天皇が国家事業として造立を開始し、9年かけて竣工した（奈良県奈良市）。

歴史の流れ

奈良時代に入り遣唐使が活発になる
▼
遣唐使たちにより大陸の文化・制度が流入
▼
唐の仏教政策の影響で日本でも仏教が発展
▼
鎮護国家の思想 仏教で国家安定を図る
▼
仏教が国家と結びつき政治化・権力化する

シルクロードの終着点、正倉院に残る宝物の数々

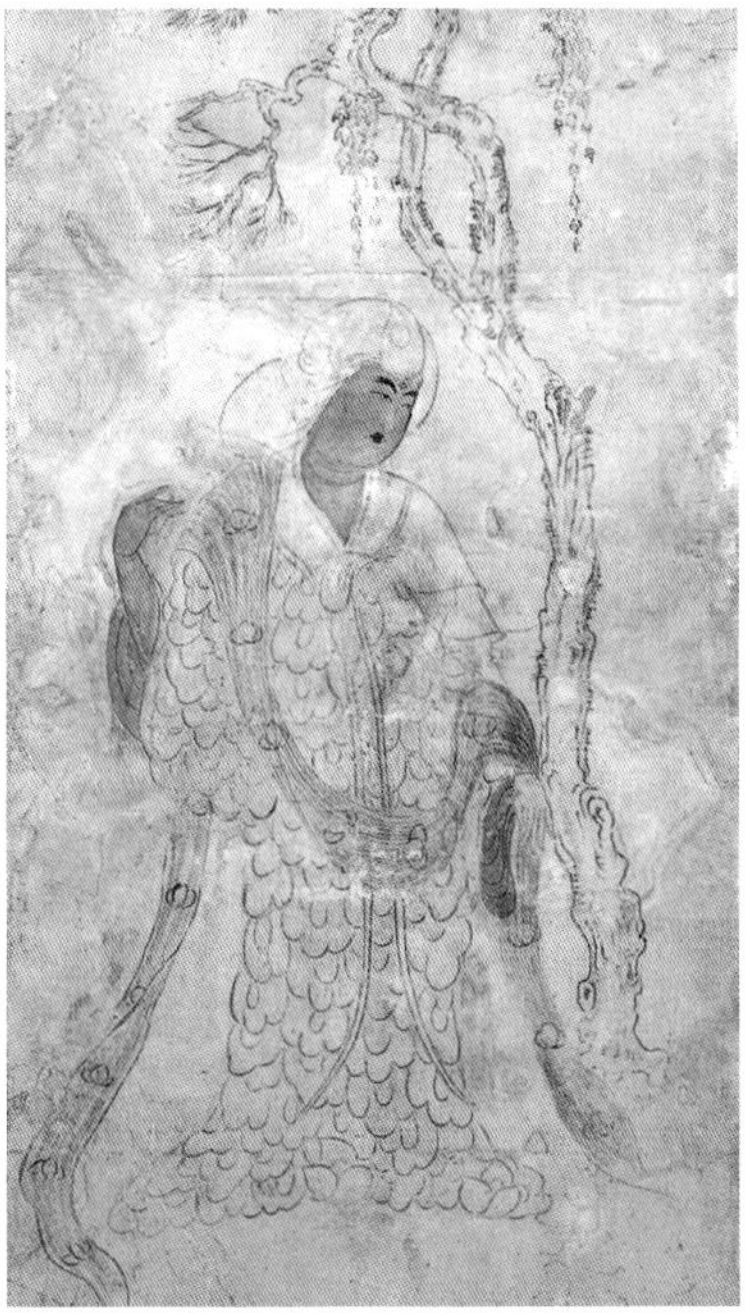

鳥毛立女屏風《ちょうもうりゅうじょびょうぶ》

樹下に立つ美人の構図はインドや西アジアからの影響が見られる。また、女性は唐代に流行した化粧が施されている。

正倉院正倉蔵

正倉院 光明皇后が聖武天皇の遺愛品を納めた。校倉（あぜくら）造という建築が特徴（奈良県奈良市）。

白瑠璃碗

切子模様の透明なガラス碗。ペルシア（イラン）でつくられたもので、中央アジアや中国でも類例品が出土している。

正倉院正倉蔵

螺鈿紫檀五絃琵琶《らでんしたんのごげんびわ》

インドを起源とする五絃琵琶で世界唯一の現存品。東南アジア産の貝でペルシア風の螺鈿細工がなされている。

正倉院正倉蔵

その時世界は？

『古事記』が完成した頃、唐で玄宗が即位し開元の治が始まる 712年

712年

中国では618年、唐が隋を滅ぼし以後300年にわたって君臨する。2代太宗は突厥《とっけつ》や周辺諸族を下して勢力を拡大し、後世理想の政治とされた貞観の治を展開。3代高宗は中央アジアに進出し唐を世界帝国へ発展させた。712年に即位した6代玄宗は、開元の治と呼ばれる政治を展開。綱紀粛正や農民生活の安定、節度使による辺境防備などを行い、経済・文化の発展、太平の世を築き唐に全盛期をもたらした。しかし、後年は楊貴妃を寵愛して国政を顧みず、8世紀半ば、安禄山《あんろくさん》と史思明《ししめい》による反乱（安史の乱）を招き、唐はしだいに衰退していく。

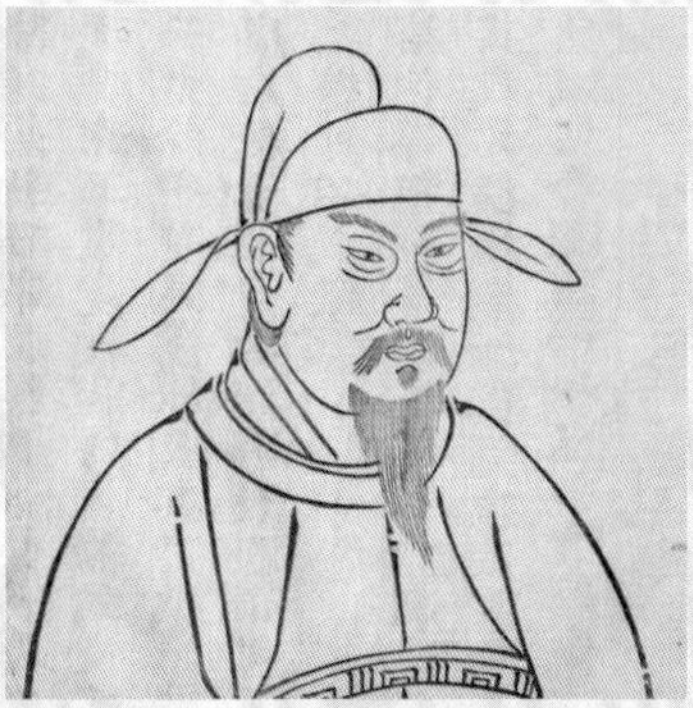

唐の最盛期を築いた6代皇帝・玄宗。

桓武天皇
[737～806] 政治に介入する仏教勢力を排除するための遷都や、蝦夷の征討などを行い、国家の権力拡大に努めた。
東京大学史料編纂所蔵（模写）

794年 桓武天皇が平安京に遷都

平安京への遷都の目的と遷都が与えた影響とは？

新都造営と対蝦夷戦争で1000年の都の礎を築く

770年、称徳《しょうとく》天皇の崩御により壬申《じんしん》の乱以来続いた天武《てんむ》天皇の皇統は途絶え、天《てん》智《じ》天皇の孫・光仁《こうにん》天皇が即位する。跡を継いだ桓武《かんむ》天皇は784年、平城京《へいじょうきょう》から山背《やましろの》国《くに》の長岡京《ながおかきょう》へ遷都する。新たな皇統の基礎を築くとともに、奈良の仏教勢力の政治介入を排除するためとされる。しかし、河川の氾濫や造営責任者の藤原種継《ふじわらのたねつぐ》暗殺など事件が相次いだため、794年、都を北東の葛野《かどの》に移し、平和への願いをこめて**平安《へいあん》京《きょう》**と名づけた。

桓武天皇の治世は東北の**蝦夷《えみし》征討**も進展した。坂上田村麻呂《さかのうえのたむらまろ》を征夷大将軍に任命し、802年、胆沢城《いさわじょう》を築いて蝦夷の族長阿弖流為《あてるい》を降した。翌年、さらに北方に志《し》波城《わじょう》を築き朝廷の東北支配を前進させた。

桓武天皇の死後、平城《へいぜい》上皇が弟の嵯峨《さが》天皇と対立し平城京への遷都を企てたが、嵯峨天皇側の迅速な軍事行動により乱は未然に防がれる（薬子《くすこ》の変）。これにより平安京は日本の首都として定着し〝1000年の都〟の歴史を紡いでいく。

平安遷都から清和《せいわ》天皇の9世紀末までの文化を**弘仁《こうにん》・貞観《じょうがん》文化**と呼ぶ。嵯峨天皇は唐風《とうふう》文化を好み、平安宮《きゅう》の殿舎《でんしゃ》の名称や朝廷の儀式・服飾を中国風に変更。漢詩文が貴族の教養として重視され、文学・学問に長じた文人貴族が政権に登用された。

奈良仏教に代わる新仏教も興った。立役者となったのが804年の遣唐使《けんとうし》で入唐した**最澄《さいちょう》**と**空海《くうかい》**である。最澄は唐で法華経《ほけきょう》を経典とする天台《てんだい》の教えを学び天台宗を開創。僧侶に戒律を授ける独自の大乗戒壇《だいじょうかいだん》の設立を願い出て奈良仏教と対立した。死後に戒壇設立が認められ、最澄が開いた比叡山延暦寺は平安京の仏教の中心地となる。

一方の空海は、唐の都・長安《ちょうあん》で密教《みっきょう》を学び、高野山金剛峰寺《こんごうぶじ》を創建して真言宗《しんごんしゅう》を開いた。両宗とも、密教の修法によって国家の安泰と、現世の幸福をもたらす加持祈禱《かじきとう》を行い貴族たちの支持を受け発展する。

延暦寺ではその後、山門《さんもん》派と寺門《じもん》派に分かれて、両派は激しく対立した。院政期には僧兵が力をつけ、神威《しんい》と武力を背景に政治的な要求を行う**強訴《ごうそ》**を繰り返し、朝廷の意思決定をも左右する一大政治勢力となっていくのである。

歴史の流れ

皇統が天武天皇系から天智天皇系へ移行する
▼
平城京は仏教勢力など天武天皇系支持者が多い
▼
長岡京へ遷都
責任者暗殺などで頓挫
▼
平安京へ遷都
天智天皇系支持者の根拠地
▼
王都として整備され千年王城として栄える

唐の長安をモデルにしてつくられた平安京

平安京の鳥瞰イラスト

現在の京都の礎となった平安京は、唐の都である長安を摸して築かれた東西約 4.5㎞、南北約 5.2㎞におよぶ大都市である。政治の中心である大内裏から羅城門までの南北を走る朱雀大路をメインストリートとして、東側を左京、西側を右京と呼んだ。

東西の通り
❶一条大路❷二条大路❸三条大路❹四条大路❺五条大路❻六条大路❼七条大路❽八条大路❾九条大路
南北の通り
Ⓐ木辻大路Ⓑ道祖大路Ⓒ西大宮大路Ⓓ皇嘉門大路Ⓔ朱雀大路Ⓕ壬生大路Ⓖ大宮大路Ⓗ西洞院大路Ⓘ東洞院大路
貴船山
大内裏
鴨川
右京
左京
朱雀大路
西市
東市
西寺
東寺
羅城門

イラスト＝黒澤達矢、監修＝山田邦和（同志社女子大学教授）

その時世界は？

最澄と空海が唐から帰国した頃、カール大帝が戴冠しローマ皇帝に

805年
800年

ヨーロッパではゲルマン人の大移動により、5 世紀以後、各地にゲルマン人の王国が建てられた。その中で後世の西ヨーロッパ世界に大きな影響をおよぼしたのがフランク王国である。800 年、カール大帝はローマ教皇からローマ帝国の帝冠を授けられた（カールの戴冠）。ここに王国は全盛期を迎え、ローマとゲルマン、キリスト教文化が融合したヨーロッパ文化の基礎が築かれる。カールの死後、王国は内紛によって急速に衰え、東フランク王国、西フランク王国、イタリア王国に分割され、現在のドイツ、フランス、イタリアの原型ができた。

カールが建設し、歴代皇帝の戴冠式が行われたアーヘン大聖堂（ドイツ・アーヘン）。

894年 遣唐使が廃止される

独自の国風文化の発展は遣唐使廃止が要因だった？

かな文字や宮廷文学など日本独自の国風文化が発達

奈良時代の**遣唐使**《けんとうし》は20年に1度の割合で派遣された。平安時代になると頻度が減り、正式な派遣は804年と834年の2度のみとなる。894年にも計画されたが、菅原道真《すがわらのみちざね》の建議で中止。907年には唐が滅亡した。その後、中国大陸では短命王朝の興亡を経て、960年に宋《そう》（北宋《ほくそう》）が建国されたが、日本の遣使は行われなかった。

9世紀初頭、遣唐使が低調になったのは安史《あんし》の乱による唐の衰退に加え、唐や新羅《しらぎ》の商人との私貿易が活発化し、大陸の知識や文物が容易に手に入るようになったためといわれる。博多には舶来の唐物《からもの》を携えた商人が多数来航し、日本からは金や水銀、硫黄などが輸出された。当時、宋では火薬が発明され西夏《せいか》との戦いに使用された。日本は火薬の原料である硫黄を通して、宋の軍事力を支えていたのである。

海外との公的な交流が途絶える一方、10～11世紀には、日本人の感性や嗜好を踏まえた**国風文化**が生まれた。かな文字の発達とともに和歌が盛んになり、905年に最初の勅撰集《ちょくせんしゅう》**『古今和歌集《こきんわかしゅう》』**が編纂され、清少納言《せいしょうなごん》の**『枕草子《まくらのそうし》』**や紫式部《むらさきしきぶ》の**『源氏物語』**などの優れたかな文学も多数生まれた。建築では寝殿《しんでん》と対屋《たいのや》などを廊《ろう》で結び池を備えた寝殿造《しんでんづくり》が成立。美術工芸分野では中国風の技法で日本の風景を描く大和絵《やまとえ》が生まれ、漆器の表面に金銀の粉を飾る蒔絵《まきえ》や夜光貝を磨いた螺鈿《らでん》の技法が発達した。

国風文化は日本人らしい感性や美意識が形成される契機となったとされるが、必ずしも唐風《とうふう》の否定や断絶からはじまったものではなかった。この時代も唐物は貴族の日常にあふれており、束帯《そくたい》や女房装束《にょうぼうしょうぞく》（十二単《じゅうにひとえ》）には唐綾《からあや》・唐錦《からにしき》が必要で、住居や着物の薫物《たきもの》には大陸産の香料が使われた。和歌や文学も、漢詩などの中国文学の影響を受けていたといわれる。

紀貫之《きのつらゆき》は『古今和歌集』の真名序《まなじょ》（漢文の序文）で、和歌を中国の漢詩に対置される日本独自の文芸として位置づけている。また、10世紀以降、学問・文芸には題名に「日本」「本朝」をつけるものが増えていく。中国文化の偉大さを認めつつ、独自の価値をもつ文化を育てたという自負をもちはじめたのが、国風文化の時代だったのである。

紫式部

［生没年不詳］『源氏物語』の作者。歌人である藤原為時の娘で、実名は不明。一条天皇の中宮彰子に仕え、そのときの様子を『紫式部日記』に残す。

東京国立博物館蔵

歴史の流れ

中国王朝の政治体制や文化を学ぶため遣唐使を派遣する

▼

黄巣の乱により唐が衰退

▼

菅原道真が遣唐使の廃止を提案

▼

唐の滅亡 交易が完全に停止する

▼

かな文字をはじめとする独自の日本文化が発展

中国文化を輸入し日本の発展に貢献した遣唐使

遣唐使のルート

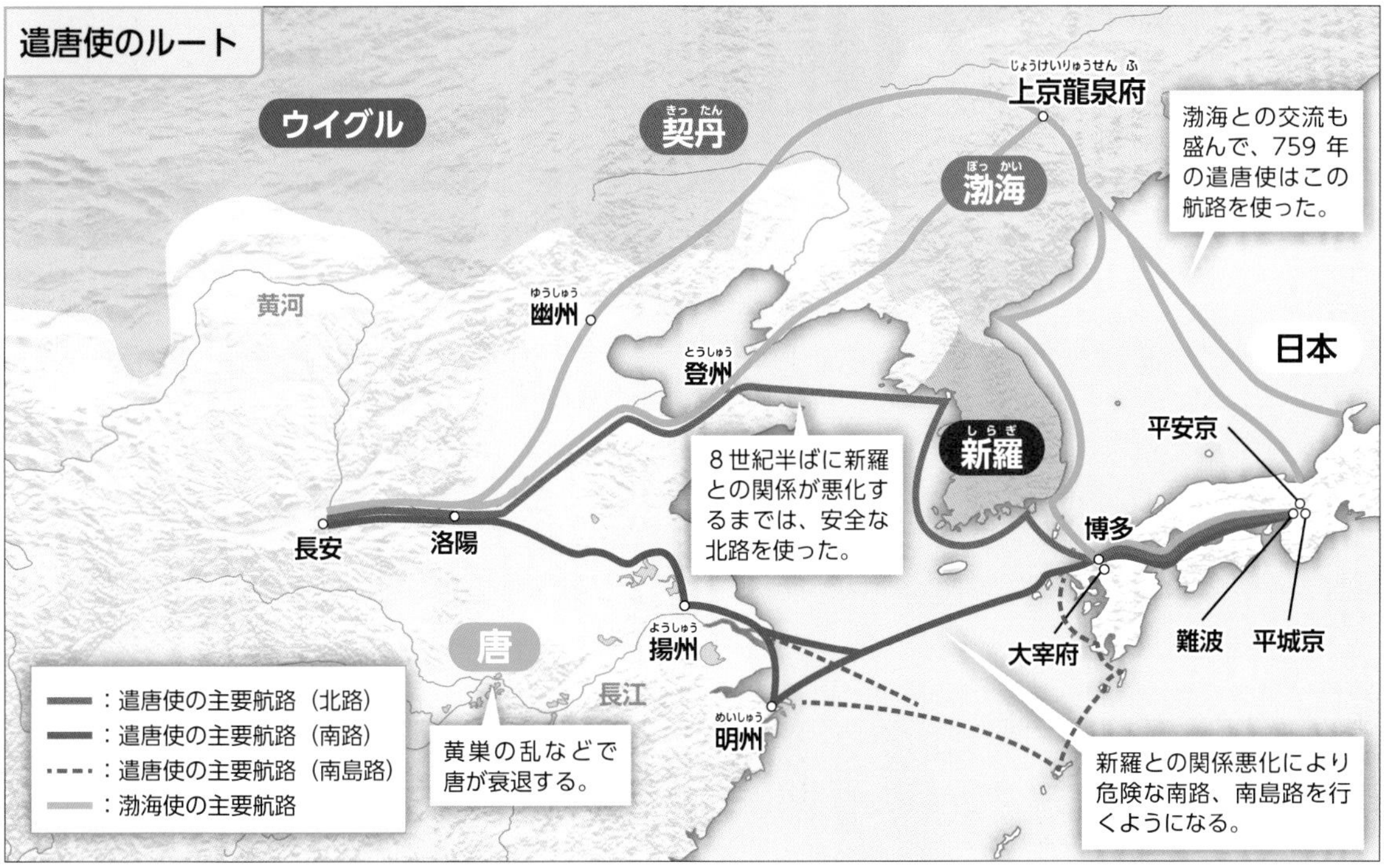
ウイグル
契丹《きったん》
上京龍泉府《じょうけいりゅうせんふ》
渤海《ぼっかい》
渤海との交流も盛んで、759年の遣唐使はこの航路を使った。
黄河
幽州《ゆうしゅう》
登州《とうしゅう》
日本
新羅《しらぎ》
平安京
8世紀半ばに新羅との関係が悪化するまでは、安全な北路を使った。
長安
洛陽
博多
揚州《ようしゅう》
大宰府
難波
平城京
唐
長江
明州《めいしゅう》
：遣唐使の主要航路（北路）
：遣唐使の主要航路（南路）
：遣唐使の主要航路（南島路）
：渤海使の主要航路
黄巣の乱などで唐が衰退する。
新羅との関係悪化により危険な南路、南島路を行くようになる。

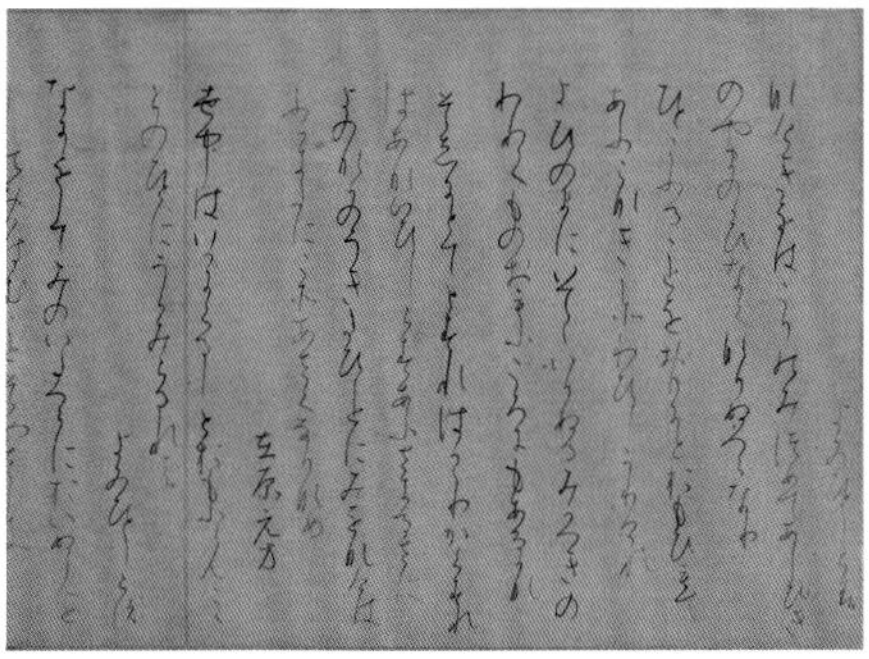

『古今和歌集』（高野切）
11世紀半ばに書写された『古今和歌集』の最古の写本。美しい筆跡は手本となり、多くの写本を生んだ。東京国立博物館蔵

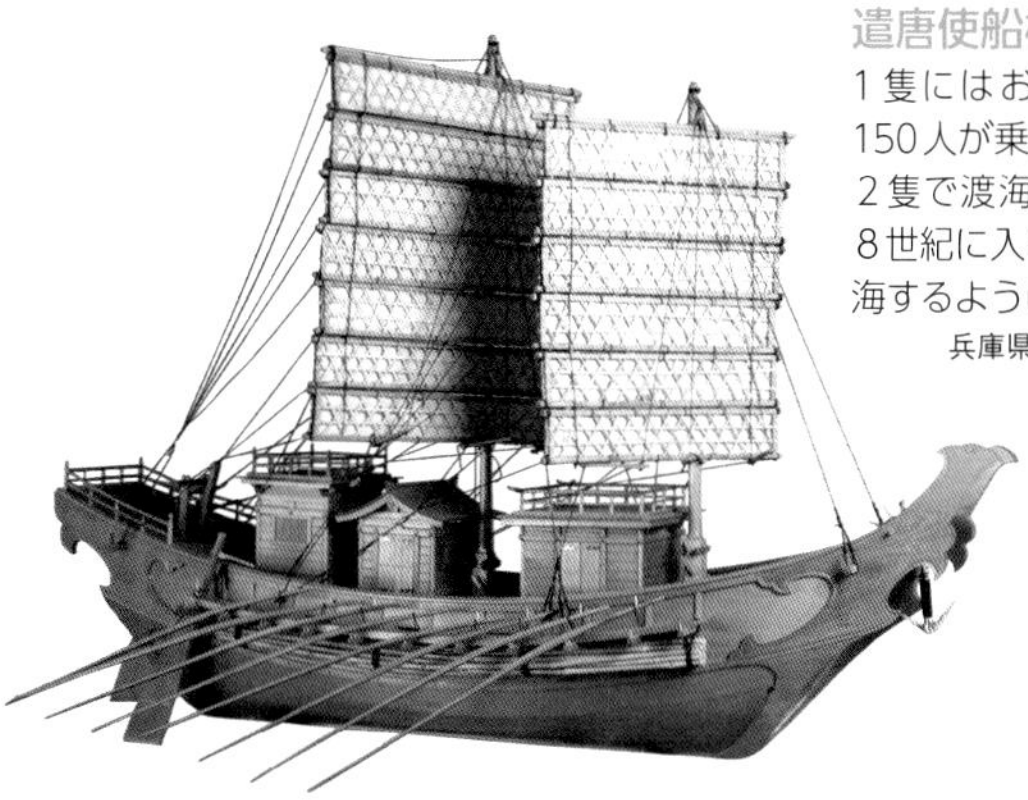

遣唐使船模型
1隻にはおよそ120～150人が乗船。当初は1，2隻で渡海していたが、8世紀に入ると4隻で渡海するようになった。
兵庫県立歴史博物館蔵

その時世界は？

『枕草子』が書かれた頃、北宋が中国大陸を統一する

1001年頃
979年

中国大陸では907年、節度使《せつどし》の朱全忠《しゅぜんちゅう》が唐を滅ぼして後梁《こうりょう》を建国した。しかしその支配は続かず、以後、後唐《こうとう》・後晋《こうしん》・後漢《こうかん》・後周《こうしゅう》と交替し、地方で10あまりの国々が興亡した（五代十国《ごだいじっこく》時代）。960年、後周を滅ぼして北宋を建国した趙匡胤《ちょうきょういん》（太祖）は、軍人が皇帝にとって代わることが多かった過去への反省から文治主義を採用し、科挙《かきょ》を改革して官僚制を確立した。979年には弟の趙炅《ちょうけい》（太宗）が中国大陸を統一する。しかし、軍事費増大による財政難や王安石《おうあんせき》の改革の失敗など混乱が続き、1127年、北方民族の金《きん》に敗れ、江南に遷都して南宋《なんそう》として存続した。

後周の将軍から、北宋の初代皇帝となった趙匡胤。
故宮博物院蔵

1017年 藤原頼通が摂政に就任する

藤原家はどのようにして摂関政治を確立したのか？

天皇の外戚として政治の実権を握った藤原北家

藤原氏は、乙巳《いっし》の変で功をあげた藤原（中臣《なかとみ》）鎌足《かまたり》を祖とする一族である。鎌足の子・不比等《ふひと》は娘の宮子《みやこ》を文武《もんむ》天皇に、光明子《こうみょうし》を聖武《しょうむ》天皇に嫁がせて藤原氏の家格の向上に努め、4人の息子は南家《なんけ》・北家《ほっけ》・式家《しきけ》・京家《きょうけ》に分かれて繁栄した。

平安時代初頭、北家の冬嗣《ふゆつぐ》が嵯峨《さが》天皇の側近である蔵人頭《くろうどのとう》となり、天皇と姻戚関係を結んでからは北家が主流派となった。冬嗣の子・良房《よしふさ》は清和《せいわ》天皇の外祖父となり臣下で初の**摂政**《せっしょう》（幼少の天皇に代わって政務をとる職）に、次の基経《もとつね》は初の**関白**《かんぱく》（成人した天皇の補佐役）に就任。ここから北家嫡流による摂関職の独占がはじまる。基経の子・忠平《ただひら》は20年にわたって摂関を務め、天皇の幼少期は摂政、成人後は関白が置かれる慣例が定まったといわれる。

藤原氏は天皇に娘を嫁がせ、生まれた皇子を即位させて天皇の外戚となり政治の実権を握った。加えて、謀略で政敵を追い落とし政治的地位を固めることを得意とした。良房が皇太子を廃して娘婿の文徳《もんとく》天皇を立太子させた承和《じょうわ》の変、基経の長男・時平《ときひら》が菅原道真《すがわらのみちざね》を大宰府《だざいふ》に追放した昌泰《しょうたい》の変、左大臣・源高明《みなもとのたかあきら》を失脚させた安和《あんな》の変など、外戚の地位を脅かす政敵を次々と無実の罪に陥れ失脚させていった。

摂関政治の全盛期を築いたのが**藤原道《みち》長《なが》**である。道長は4人の娘を皇太后や中宮《ちゅうぐう》につけ「一家三后《いっかさんごう》」を実現し、3天皇の外戚として権勢をふるった。その子・**頼通**《よりみち》は1017年に摂政に就任して以後、天皇3代50年にわたって摂関を務めた。これ以後、道長の子孫である御堂流《みどうりゅう》が摂関を務める慣例が定着する。

しかし、皇子に恵まれなかった頼通は天皇との外戚関係が築けず、1068年、170年ぶりに藤原氏を外戚としない後三条《ごさんじょう》天皇が即位する。天皇は摂関家に忖度することなく荘園整理令などの政治改革を断行。その子・白河《しらかわ》天皇は譲位して上皇《じょうこう》になったのちも実権を握り、天皇家の家長である**「治天《ちてん》の君」**が政務をとる院政《いんせい》を定着させた。摂関の任命も上皇の判断で行われるようになり、摂関家の政治的地位は低下していく。

「藤原鎌足像」
中央上は藤原氏の祖である藤原鎌足。右下に僧形の定慧、左下に藤原不比等という鎌足の二人の息子が描かれている。
奈良国立博物館蔵

歴史の流れ

乙巳の変で中臣鎌足が活躍
▼
鎌足の子孫である藤原氏が朝廷の高位高官を独占
▼
藤原道長・頼通父子が天皇の外戚として権勢をふるう
▼
藤原氏を外戚としない後三条天皇が誕生
▼
天皇の力が回復し、のちの院政につながる

平等院提供

平等院鳳凰堂

極楽浄土を現世に表すため藤原頼通が造営した阿弥陀堂。鳳凰が翼を広げた形に似ているため鳳凰堂と呼ばれる（京都府宇治市）。

摂関政治を確立し政治の実権を握った藤原氏

皇室と藤原氏の姻戚関係

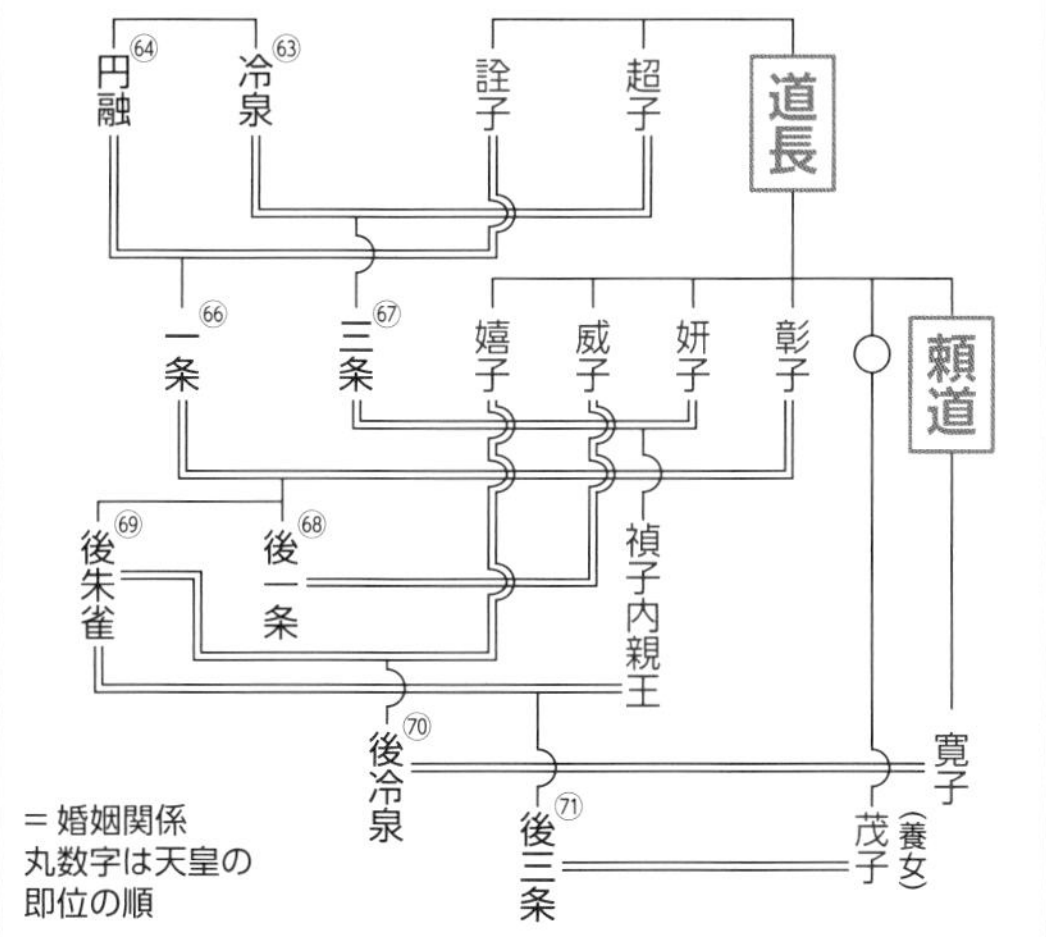

『紫式部日記絵巻』　東京国立博物館蔵

藤原道長が皇子（のちの後一条天皇）に餅を供する儀式の場面。赤子を抱くのが中宮彰子、右下の女房が紫式部と考えられる。

その時世界は？

藤原頼通が平等院鳳凰堂を建てた頃、1053年 東西教会がお互いを破門にする 1054年

４世紀末、ローマ帝国が東西に分裂したのち、キリスト協会はローマの西方教会と、コンスタンティノープルの東方教会としてそれぞれ独自の発展を遂げた。しかし８世紀半ば、東方教会を擁するビザンツ帝国がカトリック教徒の聖像崇拝を禁じたことで西方教会と対立。その後も教皇首位権などをめぐって争い、1054年に東西教会が相互に相手を破門する事態に発展。キリスト教会は西のローマ・カトリック教会と東の東方正教会に完全に分裂した。その後も東西の分断は続き、相互破門は20世紀になるまで解消されなかった。

ビザンツ帝国（東方教会）と十字軍（西方教会）の戦争を描いた絵画。

1173年 平清盛が大輪田泊を拡張し日宋貿易を振興する

日宋貿易はなにゆえ平氏繁栄の礎となったのか？

排外主義よりも貿易の実利を重視した清盛

源氏と平氏は皇族の出身で、天皇から姓を賜り臣下になった氏族である。その中で、武家として名をはせたのが桓武《かんむ》天皇を祖とする**桓武平氏《へいし》**と、清和《せいわ》天皇の流れを汲む**清和源氏《げんじ》**である。10世紀半ば、平貞盛《たいらのさだもり》と源経基《みなもとのつねもと》が平将門《まさかど》の乱や藤原純友の乱の鎮圧に貢献したのを機に、武芸を家業とする軍事貴族となり、武家の双璧として認知されるようになる。当初、源氏が国守に任じられ富裕を誇る一方、平氏は下級官人に甘んじていたが、11世紀の平正盛《まさもり》のとき、白河上皇《じょうこう》の近臣となって勢力を拡大。子の忠《ただ》盛《もり》は海賊討伐を通して西国武士を組織し、武士として初めて内昇殿《ないしょうでん》（宮中の殿上《てんじょう》の間に登ること）を許された。この時期は、天皇を退いた上皇（院）による政治（院政）の全盛期であり、平氏は院に接近し、中央政界での存在感を強めていった。

そして、忠盛の子・**清盛《きよもり》**の代に、平氏は絶頂期を迎える。清盛は、崇徳上皇《すとくじょうこう》と後白河天皇が争った**保元の乱《ほうげん》**（1156）で、後白河の勝利に貢献。3年後の**平治の乱**で源義朝《よしとも》を倒し、朝廷の軍事を掌握した。1160年には武士で初めて公卿《くぎょう》（従三位以上の官人）となり、その7年後、太政大臣となって位人臣《くらいじんしん》を極めた。その後、出家して摂津福原（神戸市）に隠退した清盛は、大輪田泊《おおわだのとまり》（神戸港）を整備して**日宋《にっそう》貿易**の振興に着手。平家は対外貿易に熱心で、忠盛の代から宋と私貿易を行っていた。清盛は瀬戸内海に港を建設するなど、インフラを整備し、宋人を福原に招いて貿易を推進。これにより、貿易による利益は、荘園収入と並ぶ平家の重要な財源となっていく。遣唐使の廃止以来、朝廷では外国との接触がタブー視され、公卿たちは批判的だったが、清盛は実利を重視した。

日宋貿易でもたらされたのは、香料や絹織物、織物、陶磁器、薬品、絵画など多彩で、ペルシアやアフリカの物産もあった。中でも日本経済に大きな影響を与えたのが大量の**宋銭《そうせん》**である。輸出品の対価としてもたらされた宋銭は、貿易の決済はもちろん、国内の通貨としても使用された。宋銭の大量流入は急激なインフレを引き起こしたが、日本に貨幣経済《かへいけいざい》が浸透するきっかけになったともいわれる。

沈む夕日を扇で招く平清盛
広島・呉の海峡「音戸の瀬戸」は、清盛が切り拓いたという。工事中に日没となり、清盛が扇で招いて引き戻したという伝説がある。
東京都立中央図書館特別文庫室蔵

歴史の流れ

地方領主などが武装“武士”が出現する
▼
源氏と平氏が武士の二大勢力になる
▼
平氏が源氏を圧倒する
▼
日宋貿易の本格化
平氏政権の財政基盤に
▼
源氏が平氏を滅ぼし鎌倉幕府を開府する

院に接近した平氏はやがて源氏と対立した

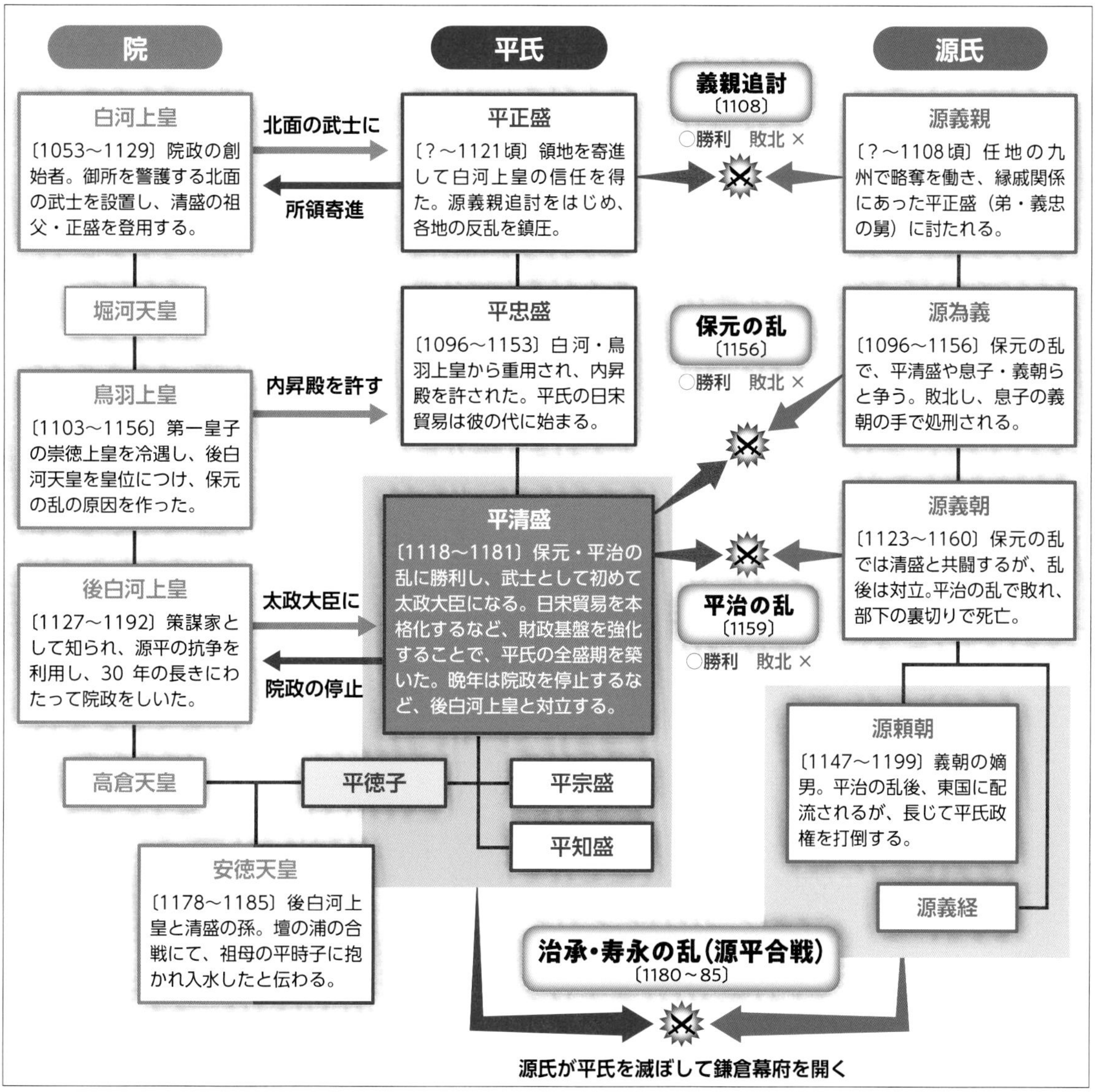
院
平氏
源氏
白河上皇
〔1053～1129〕院政の創始者。御所を警護する北面の武士を設置し、清盛の祖父・正盛を登用する。
北面の武士に
所領寄進
平正盛
〔？～1121頃〕領地を寄進して白河上皇の信任を得た。源義親追討をはじめ、各地の反乱を鎮圧。
義親追討
〔1108〕
○勝利　敗北 ×
源義親
〔？～1108頃〕任地の九州で略奪を働き、縁戚関係にあった平正盛（弟・義忠の舅）に討たれる。
堀河天皇
平忠盛
〔1096～1153〕白河・鳥羽上皇から重用され、内昇殿を許された。平氏の日宋貿易は彼の代に始まる。
保元の乱
〔1156〕
○勝利　敗北 ×
源為義
〔1096～1156〕保元の乱で、平清盛や息子・義朝らと争う。敗北し、息子の義朝の手で処刑される。
鳥羽上皇
〔1103～1156〕第一皇子の崇徳上皇を冷遇し、後白河天皇を皇位につけ、保元の乱の原因を作った。
内昇殿を許す
平清盛
〔1118～1181〕保元・平治の乱に勝利し、武士として初めて太政大臣になる。日宋貿易を本格化するなど、財政基盤を強化することで、平氏の全盛期を築いた。晩年は院政を停止するなど、後白河上皇と対立する。
源義朝
〔1123～1160〕保元の乱では清盛と共闘するが、乱後は対立。平治の乱で敗れ、部下の裏切りで死亡。
平治の乱
〔1159〕
○勝利　敗北 ×
後白河上皇
〔1127～1192〕策謀家として知られ、源平の抗争を利用し、30 年の長きにわたって院政をしいた。
太政大臣に
院政の停止
源頼朝
〔1147～1199〕義朝の嫡男。平治の乱後、東国に配流されるが、長じて平氏政権を打倒する。
高倉天皇
平徳子
平宗盛
平知盛
安徳天皇
〔1178～1185〕後白河上皇と清盛の孫。壇の浦の合戦にて、祖母の平時子に抱かれ入水したと伝わる。
源義経
治承・寿永の乱（源平合戦）
〔1180～85〕
源氏が平氏を滅ぼして鎌倉幕府を開く

院政の時代が始まると、摂関家に近かった源氏（河内源氏）の家勢は衰退し、院と関係が深かった平氏の後塵を拝するようになった。

その時世界は？

平清盛が日宋貿易を本格化した頃、サラディンがアイユーブ朝を建国

1173年　1169年

アラブ地域では、8 世紀にイスラム平等の原理を唱えるアッバース朝が成立する。しかしその力はすぐに衰え、イベリア半島や中央アジア、北アフリカなど各地でイスラム王朝が乱立した。その中で、力を伸ばしたトルコ人のセルジューク朝はビザンツ帝国と争い、十字軍の遠征を招いて聖地エルサレムを奪われる。1169 年、サラディンがエジプトでアイユーブ朝を建国すると、イスラム世界の統一をめざしてヨーロッパ勢に対抗。1187 年、ハッティンの戦いで十字軍を破り 88 年ぶりにエルサレムを奪還した。

アイユーブ朝の主要都市だったダマスカス（現シリア首都）に立つサラディンの像。

1185年 源頼朝が諸国に守護・地頭を設置する

なぜ、鎌倉幕府の開府は1185年になったのか？

成立年は鎌倉幕府の本質にかかわる課題

平清盛《たいらのきよもり》は隠退後も一門を高位高官にすえ、中央政界への影響力を保った。後白河《ごしらかわ》法皇との対立が激化すると、1179年、清盛は法皇を幽閉し、多数の公卿を解官して実権を掌握。翌年、外孫の安徳《あんとく》天皇を即位させ福原遷都を強行する。平氏の専制は地方武士の不満を招き、以仁王《もちひとおう》（後白河の子）が発した平氏追討の令旨《りょうじ》に応じて**源《みなもとの》頼朝《よりとも》**、木曽義仲《きそよしなか》ら反平氏勢力が次々に蜂起し内乱は全国に広がった（**治承《じしょう》・寿永《じゅえい》の乱**）。平氏は富士川の戦い、倶利伽羅《くりから》峠の戦いなどで敗北を重ね、1183年、義仲に都を追われ西国に落ちていく。

この間に幕府の基盤を固めた頼朝は、弟の義経《よしつね》らの軍勢を京都に送り法皇御所を焼き討ちした義仲を追討。一ノ谷、屋島の戦いを経て、1185年、**壇《だん》の浦《うら》の戦い**で平氏を滅ぼした。1189年には謀反を起こした義経をかくまったとして奥州藤原氏を滅ぼし、源氏の覇権を確立する。

鎌倉幕府の成立年に関しては、長らく頼朝が征夷大将軍に就任した1192年とされてきた。この考え方は、幕府の首長が征夷大将軍であるという認識が定着していた江戸幕府には有効だが、頼朝政権が生まれた時点でそうした共通認識はなく、鎌倉幕府の成立年は諸説が乱立している。もっとも有力視されるのは、朝廷から全国に**守護・地頭**の設置を許可され、頼朝の軍事・警察権が全国におよんだ1185年である。ただし、これは逃亡した源義経の追捕を名目とした暫定的なものだったため、頼朝が日本全体の軍事・警察を任務とする総追捕使《そうついぶし》・総地頭の地位を認められた1190年とする説もある。

壇の浦に立つ義経像
壇の浦の戦いで源氏の軍勢を指揮し、抜群の活躍をみせた義経だが、やがて兄・頼朝に疎まれ追われた（山口県下関市）。

そのほか、鎌倉幕府を関東の地方政権であるとする考えから、頼朝が東国の実効支配を実現した1180年、朝廷から東国の支配権を認められた1183年とする説、幕府機構の整備を根拠に、訴訟や財政を統括する公文所《くもんじょ》・問注所《もんちゅうじょ》が設置された1184年などの説がある。以上の説は、幕府権力の本質をどうとらえるのかという違いでもある。成立年をめぐる議論は、鎌倉幕府の本質を探る営みでもあるのだ。

歴史の流れ

治承・寿永の乱が源氏の勝利で終わる
▼
頼朝・義経兄弟が対立
頼朝は弟の追討を決定
▼
守護地頭の設置（1185）
義経の追捕を名目に設置
▼
幕府組織が全国に展開
頼朝の将軍就任（1192）より先
▼
鎌倉、室町、江戸と続く日本の武家政権が始まる

鎌倉幕府の開府年に関する６つの見解

開府の基準は多岐にわたる

幕府の開府年については諸説あり、現在の通説である1185年説と、従来言われてきた1192年説が有名だが、その他にも４つの説がある。鎌倉幕府の開府年と見なされる６つの年と、その根拠を紹介したい。

『伝源頼朝像』
源頼朝像として有名な肖像画だが、足利直義（尊氏の弟）像とする説もあり、どちらなのか決着していない。 神護寺蔵

治承四年〔1180〕説
頼朝が平氏に対して挙兵した年。この時成立した頼朝の地方政権を、実質的な幕府と見なす説。

寿永二年〔1183〕説
朝廷が宣旨を出し、頼朝に東国の荘園・国衙の支配権を認めた年とする説。

元暦元年〔1184〕説
鎌倉幕府の中央機関である公文所と問注所の設置を幕府の成立と考える説。

文治元年〔1185〕説 有力説
義経の追捕を名目に、全国に守護・地頭が設置された年。幕府組織の全国展開を重視する現在有力な説。

建久元年〔1190〕説
頼朝が右近衛大将になった年。征夷大将軍より、この官職に就いたことが重要という説。

建久三年〔1192〕説 従来の説
頼朝が征夷大将軍に任じられ、この時点で名実ともに幕府が成立したと見る考え方による説。

その時世界は？

日本で治承・寿永の乱が続いていた頃、1180年 ノートルダム大聖堂の内陣が完成する 1182年

ノートルダム大聖堂はパリのシテ島に建てられたゴシック様式の教会である。聖母マリアに捧げられたもので名称のNotre-Dameは「われらの貴婦人」を意味する。1163年、司教のモーリス・ド・シュリによって建築が開始され、1182年に内陣が完成。その後も拡張工事が続けられ、14世紀に五廊式の聖堂となる。磔刑前のキリストがかぶったとされる冠、磔に使われたクギなどが安置された。1991年、「パリのセーヌ河岸」の名でユネスコ世界文化遺産に登録されたが、2019年、大規模な火災が発生し尖塔が焼失した。

2019年の火災発生前に撮られた、ノートルダム大聖堂の姿（フランス）。

1221年 後鳥羽上皇が承久の乱を起こす

なぜ、承久の乱を経て幕府の支配が完成したのか？

北条泰時のもとで執権政治が確立される

源頼朝《みなもとのよりとも》が没し、頼家《よりいえ》が2代将軍になると、**北条時政《ほうじょうときまさ》・義時《よしとき》**ら有力御家人《ごけにん》（将軍と主従関係を結んだ武士）による13人の合議制が導入され、将軍の権力は制限された。さらに、側近だった梶原景時《かじわらかげとき》の追放や、妻の父である比企能員《ひきよしかず》が滅ぼされたことで、頼家は幕府内で孤立。最終的に、頼家は母・**北条政子《まさこ》**に出家させられた後、暗殺されてしまう。頼家の弟・実朝《さねとも》が3代将軍になると、外祖父の北条時政が後見役として実権を握る。この地位は**執権《しっけん》**と呼ばれ、幕府滅亡まで北条氏が独占する。その後も、和田義盛《わだよしもり》などの有力御家人が滅ぼされ、北条氏の支配体制が固められていった。

3代将軍・実朝は京の文化に憧れ、**後《ご》鳥羽《とば》上皇**や藤原定家《ふじわらのさだいえ》などと交流を深めた。これにより、幕府と朝廷は表面上平穏を保っていたが、1219年、実朝が頼家の遺児・公暁《くぎょう》に暗殺されると、朝幕関係は急速に冷えこんでいく。地頭の更迭要求を拒むなど、意のままにならない幕府の存在に不満を抱いた上皇は、1221年、西国の武士を招集し、北条義時追討の兵を挙げた。これが**承久の乱**の始まりである。

しかし、北条政子の呼びかけで結束した幕府方の19万の大軍により、上皇方はわずか1か月で敗北。乱後、幕府は後鳥羽上皇を含む3人の上皇を配流し、京都に六波羅《ろくはら》探題《たんだい》を置いて朝廷の監視と西国御家人の統括を担わせた。なお、上皇方の貴族・武士の所領3000余か所を没収し、東国御家人に与えている。この乱を機に、幕府の権力は朝廷を圧倒し、東国の軍事政権から全国政権へと脱皮を遂げたのだった。

乱後、北条義時・政子など、強力な指導者が相次いで亡くなると、幕府では個人の資質に頼らない、官僚機構の整備が進められた。3代執権北条泰時《やすとき》は有力御家人による評定衆《ひょうじょうしゅう》を組織し、合議で訴訟や幕政運営を行う体制を構築。一方、北条一門から任命される連署《れんしょ》を設置して執権の補佐役とし、執権（北条氏）が幕政を主導する体制（執権政治）を確立させた。また、1232年には、武家の基本法として知られる御成敗式目《ごせいばいしきもく》を制定。後世の戦国家法や武家《ぶけ》諸法度《しょはっと》にも影響を与えた。

幕府と対立した後鳥羽上皇
［1180～1239］後白河上皇の孫で、安徳天皇の異母弟に当たる。承久の乱の敗北から十数年後、配流先の隠岐で崩御している。 東京大学史料編纂所蔵（模写）

歴史の流れ

西国では朝廷権力が存続
幕府権力は全国に及ばず
▼
親朝廷の将軍・実朝の死
幕府と朝廷の対立激化
▼
承久の乱
朝廷に味方する御家人も
▼
朝廷方の敗北
後鳥羽上皇らは配流
▼
朝廷の権力が失墜し
幕府が全国を支配する

承久の乱を経て幕府の支配は全国に及んだ

幕府支配圏の増大と上皇の配流

決戦地“瀬田の唐橋”（滋賀県大津市）
上皇方は、京防衛の要衝である瀬田の唐橋と宇治橋に最終防衛線を張ったが、激戦の末に突破され、乱は幕府方の勝利に終わった。

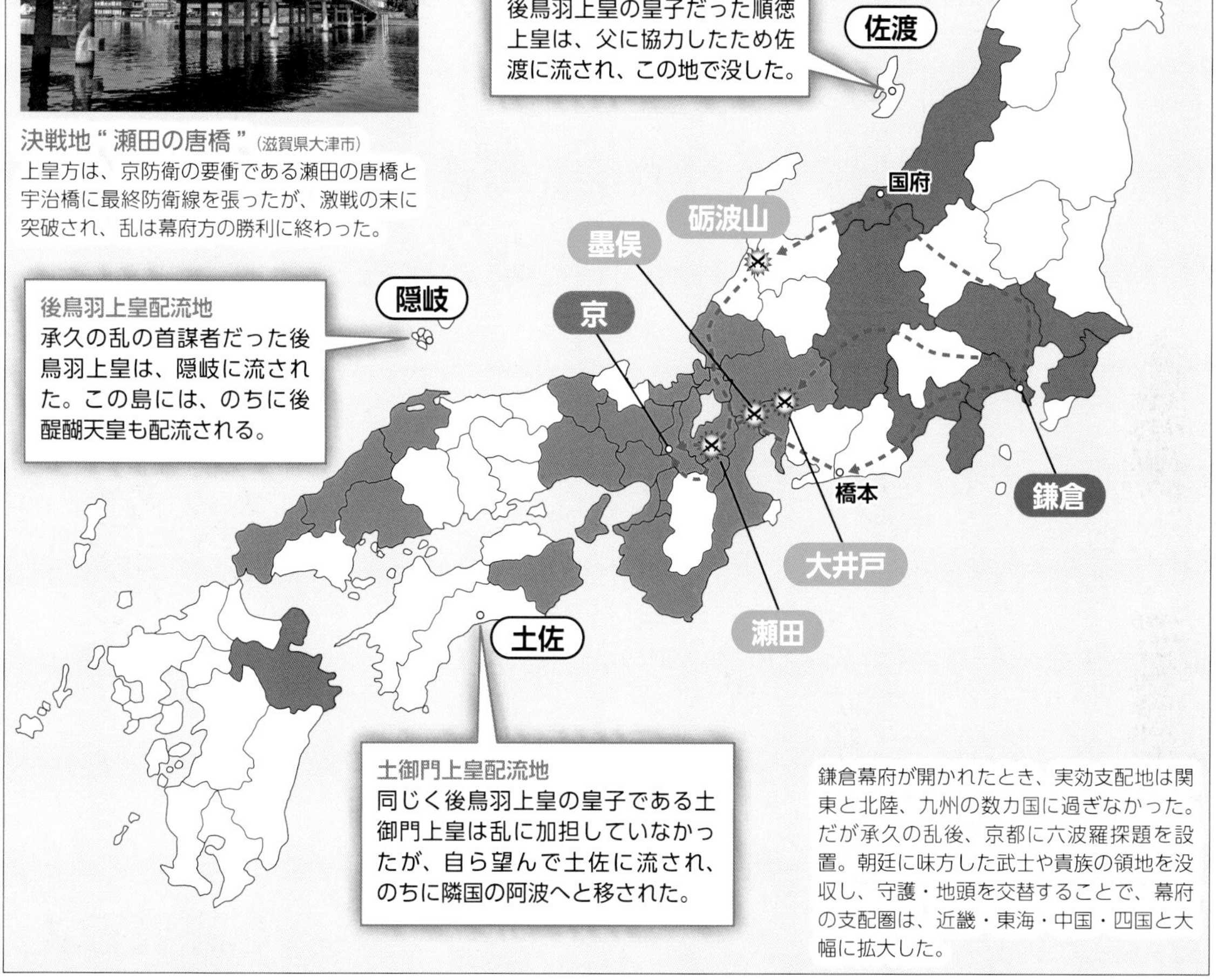

：幕府の実効支配地（1185）
：乱後に守護の交替があった国
：幕府軍の侵攻路
：主な戦地
順徳上皇配流地
後鳥羽上皇の皇子だった順徳上皇は、父に協力したため佐渡に流され、この地で没した。
佐渡
国府
砺波山
墨俣
京
隠岐
後鳥羽上皇配流地
承久の乱の首謀者だった後鳥羽上皇は、隠岐に流された。この島には、のちに後醍醐天皇も配流される。
橋本
鎌倉
大井戸
瀬田
土佐
土御門上皇配流地
同じく後鳥羽上皇の皇子である土御門上皇は乱に加担していなかったが、自ら望んで土佐に流され、のちに隣国の阿波へと移された。

鎌倉幕府が開かれたとき、実効支配地は関東と北陸、九州の数カ国に過ぎなかった。だが承久の乱後、京都に六波羅探題を設置。朝廷に味方した武士や貴族の領地を没収し、守護・地頭を交替することで、幕府の支配圏は、近畿・東海・中国・四国と大幅に拡大した。

その時世界は？

幕府と上皇の間に承久の乱が起こった頃、1221年 英国でマグナ・カルタ（大憲章）が制定 1215年

12世紀後半、イングランドではプランタジネット家が最盛期を迎え、フランスの西半分まで領土に組み込み繁栄した。しかし、13世紀初頭、ジョン王はフランスとの争いに敗れ、その領土の大半を失う。1214年、領土回復を期して臨んだブヴィーヌの戦いにも敗れたジョン王は、国内に追加徴兵をかけたが、貴族たちはこれに反発。逆に、ジョン王に王権の制限と諸侯の権利を認めさせる。この文書はマグナ・カルタ（大憲章）と呼ばれ、王の専制から国民の権利を守る典拠となり、イングランドの立憲制成立にも大きな影響を与えた。

貴族たちの前でマグナ・カルタにサインするジョン王。

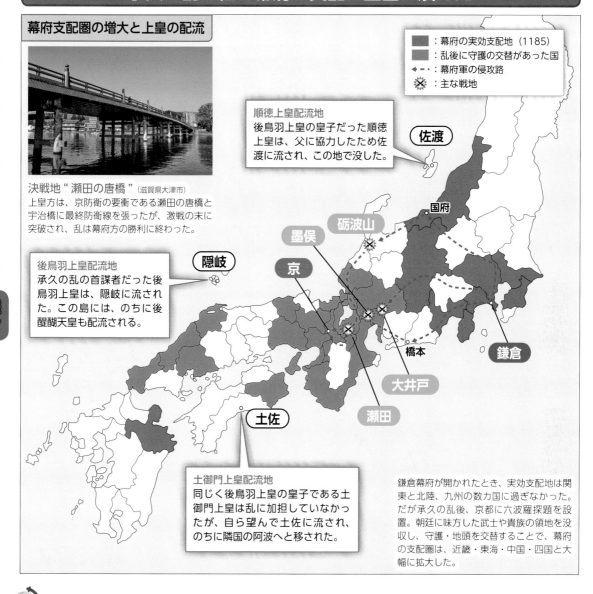

12〜13世紀 各地で新仏教が台頭し、宗教の変革が進む

鎌倉仏教の勃興により人々の信仰はどう変わったか？

個人の救済を説いた鎌倉仏教の祖師たち

鎌倉時代は、地方武士や民衆など広い階層の人々の心をとらえる新しい仏教が広まった。背景には源平の内乱、飢饉・大地震などの災害による**末法思想**《まっぽうしそう》の広まりがあったとされる。

先頭を切ったのが、浄土宗《じょうどしゅう》を開いた法《ほう》然《ねん》である。念仏《ねんぶつ》「南無阿弥陀仏《なむあみだぶつ》」を唱えれば、誰でも極楽浄土に往生できるという**専修念仏**《せんじゅねんぶつ》の教えを説いた。戒律《かいりつ》や学問を必要としない教えは人々の支持を得たが旧仏教の反発を招き、1207年、土《と》佐《さ》（実際は讃岐《さぬき》）に配流されるなど迫害を受けた（承元《しょうげん》の法難《ほうなん》）。

法然の弟子で浄土真宗《じょうどしんしゅう》を開いたのが親鸞《しんらん》である。法然に連座して越後《えちご》に流され、赦免後、関東に移り布教に努めた。阿弥陀仏を信じ念仏を唱えれば、その瞬間に極楽往生が約束されると説き、煩悩の深い者ほど救いの対象となる**悪人正機**《あくにんしょうき》を説いた。同じく浄土教の流れをくむ一遍《いっぺん》は、諸国を遊行して念仏札と踊念仏《おどりねんぶつ》により念仏の教えを説き、時宗《じしゅう》の開祖となった。

念仏で阿弥陀仏に救いを求める「他力《たりき》」に対し、坐禅《ざぜん》による「自力《じりき》」で悟りに達しようとしたのが禅宗《ぜんしゅう》である。宋《そう》で学んだ栄西《えいさい》が帰国後に開いた臨済宗《りんざいしゅう》は、幕府の庇護を受けて発展した。曹洞宗《そうとうしゅう》の道元《どうげん》は権力と距離を置き、坐禅《ざぜん》に徹する只管打坐《しかんたざ》により悟りを開く**自力救済**を説いた。

法華経《ほけきょう》を信仰し「南無妙法蓮華経《なむみょうほうれんげきょう》」の題目を唱えることで救われると説いたのが日《にち》蓮《れん》である。自著『立正安国論《りっしょうあんこくろん》』で、法華経に基づく政治を行わなければ外国の侵略を受け内乱が起こると予言。専修念仏や禅宗など他宗派を批判して幕府の迫害を受けた。

この時代、新仏教の多くはまだ少数派で、主流は天台《てんだい》・真言宗《しんごんしゅう》や南都六宗《なんとろくしゅう》であった。しかし、新仏教に刺激を受け、これら旧仏教の中にも変革が起こった。華厳宗《けごんしゅう》の明恵《みょうえ》や法相宗《ほっそうしゅう》の貞慶《じょうけい》は、戒律を重んじて教義の刷新を図った。律宗《りっしゅう》の叡尊《えいぞん》・忍性《にんしょう》は幕府の庇護を受け、貧民の救済や架橋工事など慈善事業を行い人々の心をとらえた。

鎌倉仏教の最大の特徴は、旧仏教が重視した鎮護国家《ちんごこっか》や現世利益《げんせりやく》ではなく、個人の心の救済をめざした点にあった。新仏教の勃興は、仏教の思想が社会の隅々まで根づいていくきっかけとなったのである。

本願寺阿弥陀堂

浄土真宗本願寺派（西本願寺）の本山。本願寺は親鸞の娘・覚信尼や門弟が、大谷の地に霊廟を建て親鸞像を安置したのが起源といわれる（京都市下京区）。

歴史の流れ

数々の災いが起こったことで末法思想が広まる

▼

人々の不安を鎮める新しい形の仏教が生まれる

▼

浄土宗、浄土真宗、時宗、日蓮宗、臨済宗、曹洞宗などが誕生

▼

新仏教の台頭を受けて既存の宗派も改革が進む

▼

新仏教が庶民の間にも広がり日本人の思想・文化に影響を与える

末法思想を背景に発展した新仏教が庶民にまで浸透

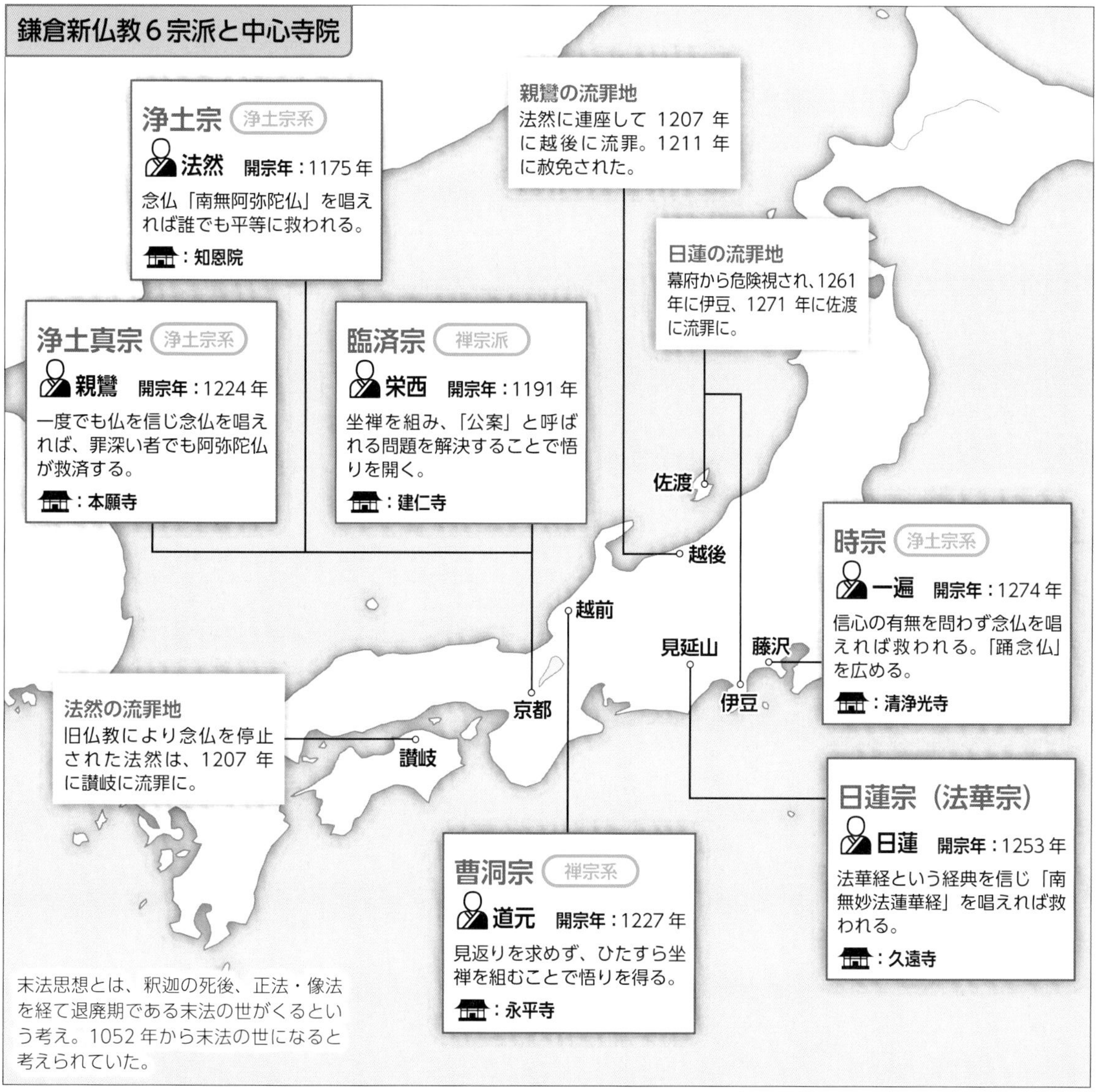
鎌倉新仏教6宗派と中心寺院
浄土宗 浄土宗系
法然 開宗年：1175年
念仏「南無阿弥陀仏」を唱えれば誰でも平等に救われる。
：知恩院
親鸞の流罪地
法然に連座して1207年に越後に流罪。1211年に赦免された。
日蓮の流罪地
幕府から危険視され、1261年に伊豆、1271年に佐渡に流罪に。
浄土真宗 浄土宗系
親鸞 開宗年：1224年
一度でも仏を信じ念仏を唱えれば、罪深い者でも阿弥陀仏が救済する。
：本願寺
臨済宗 禅宗派
栄西 開宗年：1191年
坐禅を組み、「公案」と呼ばれる問題を解決することで悟りを開く。
：建仁寺
佐渡
越後
時宗 浄土宗系
一遍 開宗年：1274年
信心の有無を問わず念仏を唱えれば救われる。「踊念仏」を広める。
：清浄光寺
越前
見延山
藤沢
伊豆
京都
法然の流罪地
旧仏教により念仏を停止された法然は、1207年に讃岐に流罪に。
讃岐
日蓮宗（法華宗）
日蓮 開宗年：1253年
法華経という経典を信じ「南無妙法蓮華経」を唱えれば救われる。
：久遠寺
曹洞宗 禅宗系
道元 開宗年：1227年
見返りを求めず、ひたすら坐禅を組むことで悟りを得る。
：永平寺
末法思想とは、釈迦の死後、正法・像法を経て退廃期である末法の世がくるという考え。1052年から末法の世になると考えられていた。

その時世界は？

日蓮が『立正安国論』を著した頃、フビライ・ハンが元王朝を開く

1260年
1271年

　モンゴル帝国は1206年、モンゴルの部族長テムジンが諸民族を統一してチンギス・ハンを名乗ったことにはじまる。次々と周辺国を侵略して数代で領土を拡大し、アジアから東ヨーロッパにまたがる大帝国を築いた。チンギスの孫にあたる5代皇帝フビライは首都を大都《だいと》（北京《ぺきん》）に遷し、1271年、国名を中国風の元《げん》に改めた。2年後には南宋《なんそう》の重要拠点である襄陽《じょうよう》・樊城《はんじょう》を落とし、済州島《さいしゅうとう》で抵抗していた高麗《こうらい》の反乱軍を鎮圧。フビライが日本への出撃命令を下し、文永の役が幕を開けるのは1274年のことである。

日本列島に侵攻したフビライ・ハン。
国立故宮博物院蔵

1274・1281年 文永の役・弘安の役が起こる

2度の蒙古襲来はなぜ、幕府滅亡の遠因になったのか？

恩賞の不足と警固の負担で御家人の不満が鬱積

5代執権・北条時頼《ほうじょうときより》の代から、幕府では北条義時《よしとき》の嫡流である**得宗**《とくそう》の権力が強化されていく。重要事項は得宗の私邸で行う寄合で決定され、時頼は**執権**《しっけん》職を退いたあとも、得宗として実権を握った。時頼の死後、長老格の北条政村《まさむら》が執権、時頼の嫡男・時宗《ときむね》が執権を補佐する連署《れんしょ》となり、訴訟機関の引付《ひきつけ》廃止や、北条一族の名越《なごえ》氏と結んだ将軍・宗尊親王《むねたかしんのう》を謀叛の疑いで解任するなど得宗への権力集中を進めた。そして1268年、元《げん》（モンゴル）のフビライ・ハンから服属を促す国書が届くと、国難に対処すべく18歳の時宗《ときむね》が執権に就任する。

日本に服属の意志がないことを知ったフビライは、1274年、日本への出撃命令を下す。3万余の元軍が対馬《つしま》・壱岐《いき》、次いで博多湾に襲来。集団戦法や火薬を使った「てつはう」などで日本軍を苦しめた。終日戦ったのち、元軍は日暮れとともに船に戻ったが、翌朝、海上から姿を消す（**文**《ぶん》**永**《えい》**の役**）。かつて、2度の蒙古襲来《もうこしゅうらい》はいずれも「神風」によるものといわれ、のちの「神国思想」の根拠とされたが、このとき、暴風雨が来たという確かな記録はない。

撤退の理由は不明だが、当初から偵察や脅しが目的だった、元軍で内部抗争が生じたなど諸説があり、少なくとも自発的な撤退だったとする説が有力である。

翌年、時宗は来日した元使を処刑。北九州や長門《ながと》・周防《すおう》・安芸《あき》の御家人《ごけにん》に異国警固《いこくけいご》番役《ばんやく》を課して沿岸警備を強化し、博多湾に石築地《いしついじ》（元寇防塁《げんこうぼうるい》）を築き襲来に備えた。

この間、南宋《なんそう》を滅ぼしたフビライは、1281年、ふたたび14万の大軍を日本に向ける。今回は日本軍の反撃も激しく、海上では御家人が小舟に分乗して敵船を次々と襲撃。陸地では長さ20km、高さ3mにおよぶ石築地が元軍の上陸を防いだ。そして戦いを終えた夜、今度は正真正銘の暴風雨が海上に集結していた元船を襲い、日本は奇跡的勝利を得る（**弘安**《こうあん》**の役**）。

しかし、モンゴルの脅威が去ったわけではなく、御家人たちは3回目の襲来に備えて引き続き沿岸警備を命じられた。しかも、元との戦いは防衛戦争だったため新たな領土はなく、十分な恩賞を得ることもできなかった。北条氏に対する御家人の不満は鬱積し、幕府滅亡の遠因になったといわれる。

元寇防塁
弘安の役では博多湾を中心に防塁が築かれ、防御態勢がとられていた（福岡県福岡市）。

歴史の流れ

得宗専制が行われ得宗に権力が集中
▼
元のフビライ・ハンが日本に服属を促す
▼
蒙古襲来
文永の役・弘安の役
▼
襲来後も海岸警備は続き御家人に重い負担となる
▼
御家人たちの不満が募り
幕府による支配力が低下
鎌倉幕府滅亡を早める

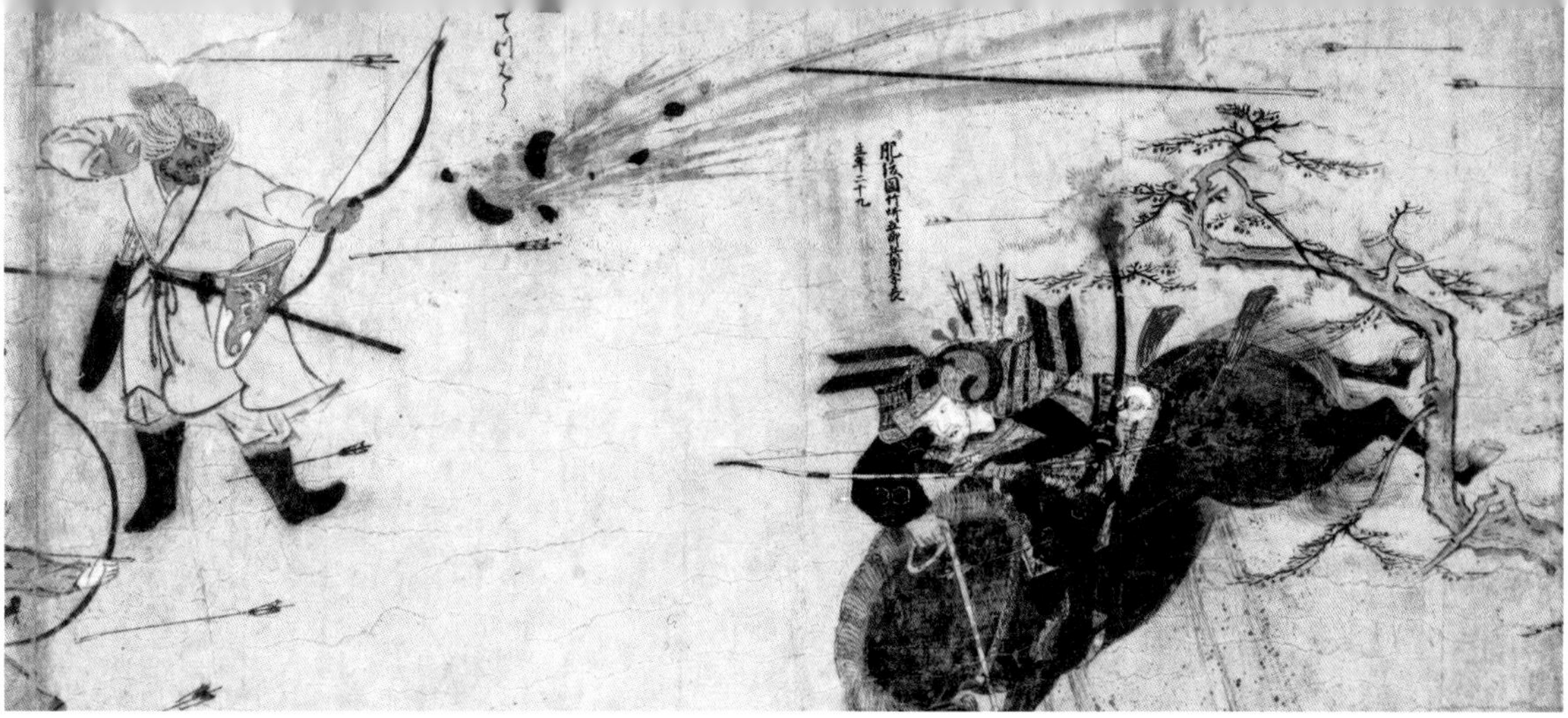

「蒙古襲来絵詞」
文永・弘安の役に参加した、武士・竹崎季長が、自身の武功を証明するために描かせたとされている。元軍の戦法や、使用している武器の違いが見て取れる。 宮内庁三の丸尚蔵館蔵

文永の役、弘安の役における元軍の進路

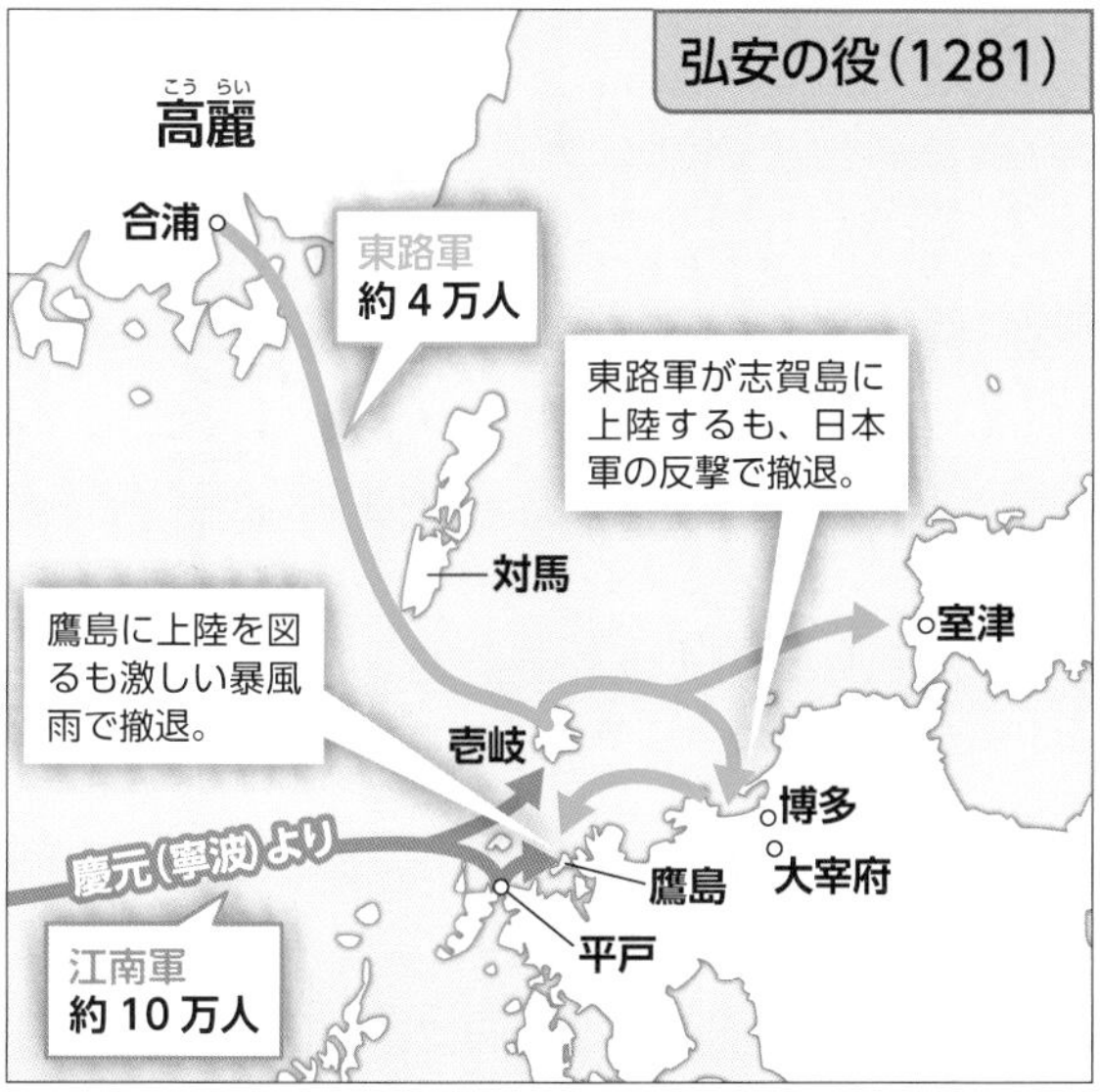
弘安の役(1281)
高麗《こうらい》
合浦
東路軍
約4万人
東路軍が志賀島に上陸するも、日本軍の反撃で撤退。
対馬
室津
鷹島に上陸を図るも激しい暴風雨で撤退。
壱岐
博多
大宰府
慶元(寧波)より
鷹島
平戸
江南軍
約10万人

文永の役(1274)
高麗《こうらい》
合浦
博多に上陸して日本軍と戦うも撤退する。
元・高麗軍
約3万人
対馬
壱岐
博多
大宰府
平戸

その時世界は？

日本が元の侵略を受けていた頃、オスマン帝国が建国される

1281年
1299年

11世紀、中央アジアの内陸湖であるアラル海北部でトルコ人のセルジューク朝が興り、イスラム世界の主導権を握った。地中海東部のアナトリアまで勢力を伸ばしたが、内紛により王朝は分裂する。このとき、アナトリア北西部の族長オスマンが自立しトルコ小王国を統合、1299年、独立しオスマン帝国が成立する。その後、バルカン半島に進出し15世紀半ば、ビザンツ帝国を滅ぼしてコンスタンティノープルを首都に定め、20世紀初頭のトルコ革命まで続いた。中央集権体制と能力主義、柔軟な地方統治が帝国を永続させたといわれる。

オスマン帝国の初代皇帝オスマン1世。
トプカプ宮殿博物館蔵

１３３６年　足利尊氏が建武式目を制定して室町幕府を開府

朝廷の南北分裂がもたらした全国的な動乱とは？

現代の皇室典範にも影響をおよぼした南北朝の分裂

元寇《げんこう》ののち、幕府では得宗《とくそう》の権力がさらに強化された。北条《ほうじょう》氏の一門や家人《けにん》である御内人《みうちびと》が幕政を主導し、全国の守護の半分以上を北条氏一門が占めた（**得宗専制政治**《とくそうせんせいせいじ》）。一方、京都では後嵯峨《ごさが》上皇が後継者を決めずに亡くなったため、子の後深草《ごふかくさ》上皇と亀山《かめやま》上皇の子孫が持明院統《じみょういんとう》と大覚寺統《だいかくじとう》に分裂して、皇位や荘園《しょうえん》の相続を争った。

１３３１年、大覚寺統の後醍醐《ごだいご》天皇は皇統の統一と天皇親政をめざし、笠置山《かさぎやま》にこもって討幕の兵を募った。楠木正成《くすのきまさしげ》らがこれに応じたが、20万を超える幕府軍に敗れ、天皇は隠岐《おき》に流される。しかし間もなく楠木正成や護良《もりよし》親王が再挙すると、これに呼応して播磨《はりま》の赤松円心《あかまつえんしん》ら幕府に不満をもつ武士が各地で蜂起。後醍醐天皇も隠岐を脱出し、追討軍として上洛した**足利尊氏**《あしかがたかうじ》も幕府に背いて六波羅探題《ろくはらたんだい》を滅ぼした。関東では新田義貞《にったよしさだ》が関東武士とともに鎌倉を攻略し、１３３３年、**鎌倉幕府は滅亡**する。

帰京した後醍醐天皇は、**建武の新政**《けんむのしんせい》と呼ばれる政治改革に着手する。摂関《せっかん》を廃止し、官職の世襲制を改め、新たな訴訟機関の設置などを進めた。しかし、所領裁判は不公平で武士の反発を招き、清和源氏《せいわげんじ》の名門である尊氏への期待が高まっていく。

１３３５年、尊氏は鎌倉で挙兵し新田義貞を破って上洛したが、翌年、北畠顕家《きたばたけあきいえ》らの反撃を受け九州に落ちる。この間、光厳《こうごん》上皇から義貞追討の院宣《いんぜん》を得た尊氏は、九州で態勢を整え、一転東上して湊川《みなとがわ》の戦いで楠木正成を破り、入京して持明院統の光《こう》明《みょう》天皇を擁立。**建武式目**《けんむしきもく》（幕府の基本政策）を制定して**室町**《むろまち》**幕府を樹立**する。

一方、後醍醐天皇は皇位の象徴である三種の神器を携えて吉野に逃れ、自身の正統性を主張。京都の北朝と吉野の南朝が覇を競う**南北朝時代**が幕を開ける。

後醍醐天皇の死後、戦況は北朝優位に進んだ。それでも南朝が50年以上存続したのは、幕府の内部抗争により北朝から南朝に投降する武将が後を絶たなかったためだ。１３９２年の足利義満《よしみつ》による**南北朝合一**後も、南朝の末裔を旗印とした反乱が続発、15世紀後半の応仁の乱まで続いた。南北朝の動乱は現代の天皇制にも影響をおよぼし、皇室典範《こうしつてんぱん》の天皇終身制も、皇統分裂を教訓として定められたものだ。

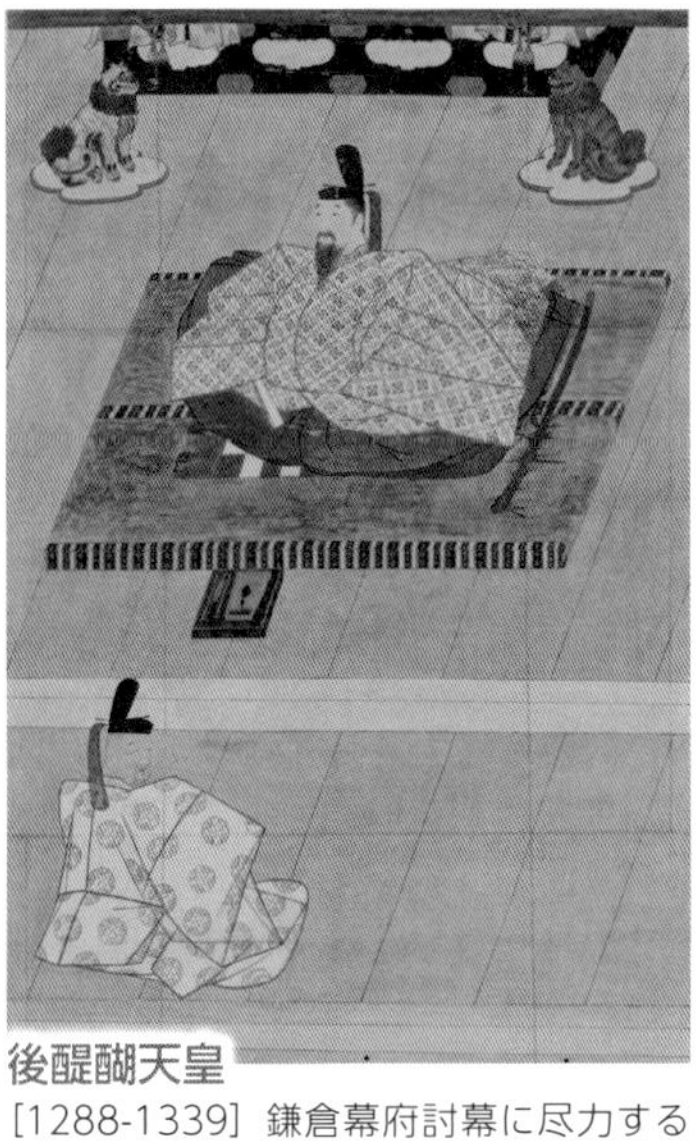

後醍醐天皇

[1288-1339]　鎌倉幕府討幕に尽力するが、のちに足利尊氏らと対立。南北朝分裂の原因をつくる。東京大学史料編纂所蔵（模写）

歴史の流れ

後醍醐天皇の討幕活動と御家人の得宗専制への不満

▼

鎌倉幕府の滅亡
有力御家人が天皇に協力

▼

建武の新政が失敗し
足利尊氏らが離反

▼

尊氏が幕府開府
後醍醐が吉野に逃れる

▼

北朝・南朝の対立が続き
3代・義満の時代に合一

日本列島分断の危機となった南北朝の動乱

討幕から南北朝の動乱へ
①正中《しょうちゅう》の変《へん》（1324年）
後醍醐天皇が側近と図った討幕計画が露見。天皇は釈明し、側近が佐渡に流される。
⑧建武式目発表（1336年）
尊氏が幕府の方針をまとめた17条を発表。
⑤建武の新政（1333年）
後醍醐天皇による新政策がはじまるが、武士たちの反感を買う。
③六波羅攻め（1333年）
幕府方の足利尊氏が天皇方に寝返り六波羅探題を落とす。
佐渡
⑥中先代《なかせんだい》の乱（1335年）
足利尊氏 ✕ 北条時行
幕府再興をめざした北条時行が尊氏に敗れる。
②元弘《げんこう》の変（1331年）
再び討幕に失敗し、後醍醐天皇は隠岐へ流される。
隠岐
摂津
京都
鎌倉
吉野
④鎌倉幕府滅亡（1333年）
新田義貞らが鎌倉を攻略し、鎌倉幕府が滅亡する。
⑦湊川《みなとがわ》の戦い（1336年）
足利尊氏 ✕ 楠木正成
反後醍醐勢力となった尊氏は九州で勢いをつけ、天皇側の楠木正成を破る。
⑨南北朝の分立（1336年）
尊氏に対抗し、後醍醐天皇が吉野に脱出。北朝・南朝が対立する。

楠木正成
[1294?-1336] 後醍醐天皇側の武将として各地で戦いを繰り広げるが、尊氏に敗れ自害（東京都千代田区）。

その時世界は？

日本で南北朝時代がはじまった頃、ヨーロッパでペストが大流行

1336年
1348年

ヨーロッパでは、紀元前からたびたび伝染病の流行に見舞われてきた。古くは紀元前5世紀、ギリシアのアテネを伝染病が襲い、6世紀のビザンツ帝国ではペストにより人口の約半数が失われたとされる。もっとも人々を恐れさせたのが14世紀に流行したペストである。アジアで発生しシルクロード経由で1348年頃にヨーロッパにもたらされパンデミックとなった。15世紀前半まで猛威をふるい、ヨーロッパだけで人口の3～6割が失われたともいわれる。「死の舞踏」と呼ばれる複数の絵画作品など、ペストを題材とした芸術作品も多く生まれた。

ペストにより死屍累々となったフランス、マルセイユの様子。

１４２９年 中山王の尚巴志が琉球王国を建国

琉球王国が明から優遇され中継貿易で繁栄した理由とは？

尚巴志が三山を統一し琉球王国の礎を築く

現在の沖縄県（南西諸島）は、近代以前には琉球《りゅうきゅう》王国と呼ばれ、本土とは異なる文化圏だった。琉球王国の都城で世界遺産である首里城《しゅりじょう》が火災に見舞われた（２０１９年10月）のは記憶に新しい。

古い時代の琉球についてはわからないことが多いが、14世紀頃には沖縄本島を中心に北山《ほくざん》・中山《ちゅうざん》・南山《なんざん》（三山《さんざん》）という3つの有力勢力ができていた。各勢力の領主は、グスクという城塞を築いて競い合っていたが、１４２９年、首里城を拠点とする中山王の尚巴志《しょうはし》が三山を統一し、初の統一王朝である、**琉球王国を樹立**したのである。

この頃大陸では、洪武帝《こうぶてい》（朱元璋《しゅげんしょう》）が元《げん》を滅ぼして、１３６８年に明《みん》を建国した。日本は南北朝の動乱期で、中央の統制が緩んでいた。そのため、朝鮮半島や中国大陸の沿岸を、日本人を中心とする海賊・**倭《わ》寇《こう》**が荒らしまわるようになる。倭寇に手を焼いた洪武帝は、海外渡航を制限し、貿易を統制する**「海禁《かいきん》」**を実施した。

その結果、明と周辺国は民間貿易を行えなくなり、公式の朝貢《ちょうこう》貿易のみに制限されてしまった。朝貢貿易とは、中国の皇帝を主君として貢ぎ物を贈り、返礼を受け取る形式の貿易だ。室町幕府が明と行った勘合《かんごう》貿易も朝貢貿易で、勘合（合い札）は正式な貿易船と倭寇を区別するためのものである。明の皇帝は、権威を示すために豪華な返礼を贈るので、明側の赤字となる。明は財政負担を軽くするため、各国の朝貢回数を制限した。

当然、周辺国は明の産物を手に入れにくくなる。しかし、琉球だけは明から優遇され、他国より多くの回数の朝貢が認められた。そのため地理的に日本列島・朝鮮半島・中国大陸などからほぼ等距離にあり、海上交易に適した立地である琉球は、明から手に入れた産物を日本や朝鮮半島、東南アジアなどに輸出する**中継貿易**を行い、莫大な富を得ることができた。

貿易立国として繁栄した琉球だったが、16世紀頃になると、日本や明の商人による新航路の開拓や、**ポルトガル商人のアジア進出**などの影響で、中継貿易における琉球王国の重要性は低下してしまった。

琉球王国の御主の王冠
即位式や国内儀礼の際に着用した王冠。御主は国王の称号。
那覇市歴史博物館蔵

歴史の流れ

琉球王国の建国
▼
日本国内の混乱で倭寇（海賊）が活発化
▼
明の海禁・貿易制限
一部国家は規制緩和
▼
琉球王国は交易を制限されず中継貿易でアジア各地を結ぶ
▼
貿易立国として富を築く

琉球王国は東アジアの貿易の拠点となっていた

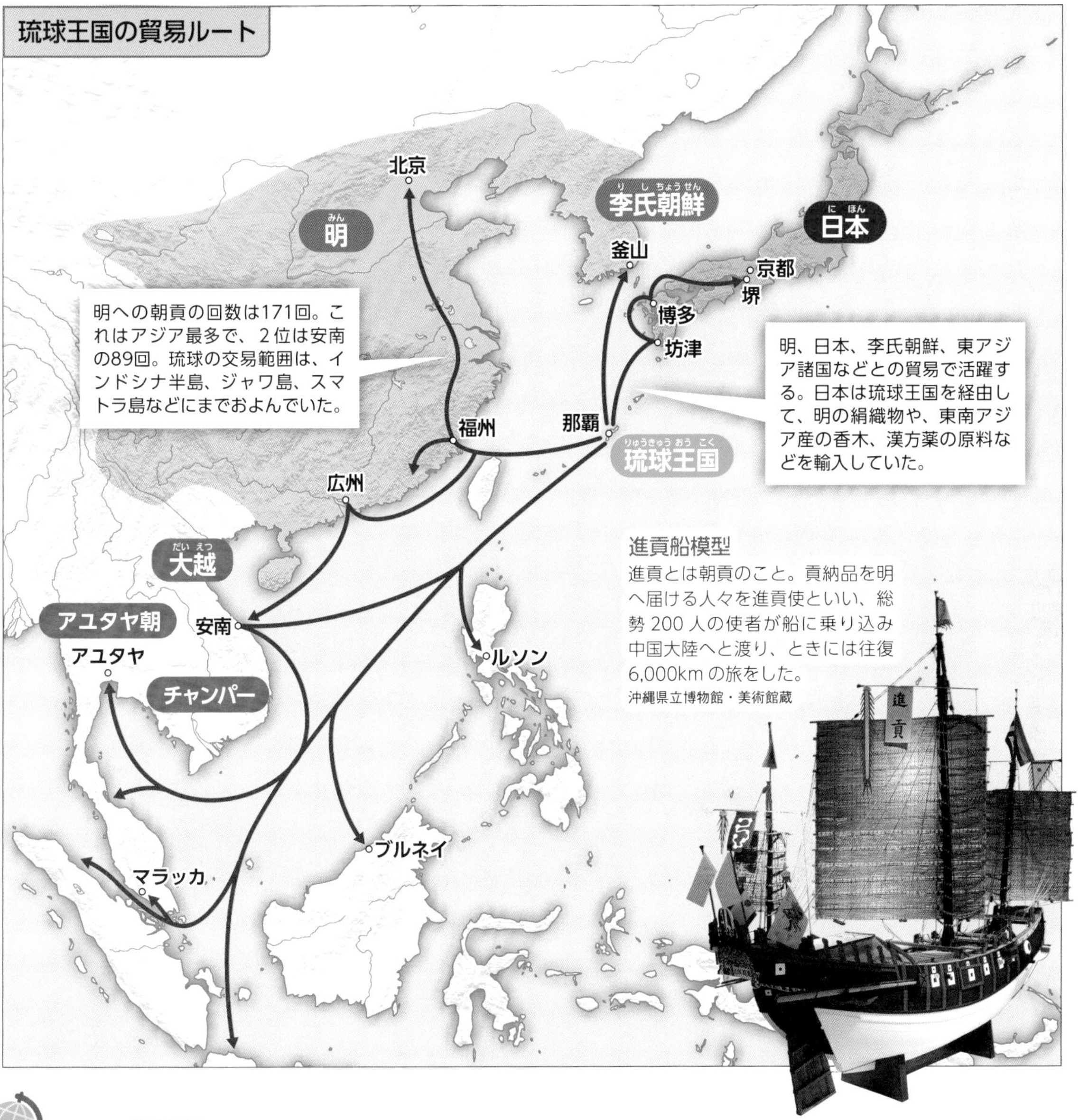
琉球王国の貿易ルート
北京
明《みん》
李氏朝鮮《りしちょうせん》
日本《にほん》
釜山
京都
堺
博多
坊津
明への朝貢の回数は171回。これはアジア最多で、２位は安南の89回。琉球の交易範囲は、インドシナ半島、ジャワ島、スマトラ島などにまでおよんでいた。
明、日本、李氏朝鮮、東アジア諸国などとの貿易で活躍する。日本は琉球王国を経由して、明の絹織物や、東南アジア産の香木、漢方薬の原料などを輸入していた。
福州
那覇
琉球王国《りゅうきゅうおうこく》
広州
大越《だいえつ》
アユタヤ朝
安南
アユタヤ
ルソン
チャンパー
ブルネイ
マラッカ

進貢船模型

進貢とは朝貢のこと。貢納品を明へ届ける人々を進貢使といい、総勢200人の使者が船に乗り込み中国大陸へと渡り、ときには往復6,000kmの旅をした。

沖縄県立博物館・美術館蔵

その時世界は？

琉球王国が建国された頃、ジャンヌ・ダルクがオルレアンを解放 1429年

1429年

14～15世紀にかけて、フランスとイングランドの間で百年戦争が行われた。イングランドは、フランスの内紛に乗じて優位に戦いを進め、オルレアンを包囲する。ここで、神のお告げを聞いたという少女ジャンヌ・ダルクの率いる軍がイングランド軍を破り、オルレアンを解放した。ジャンヌの勝利は、フランス軍の反撃のきっかけとなる。しかし彼女自身はイングランドに捕らえられ、異端として火刑に処せられた。百年戦争は1453年にフランスの勝利で終わり、ジャンヌは「救国の少女」として伝説化されている。

ジャンヌは鎧を身につけ、旗を掲げて戦ったという。　ルーヴル美術館蔵

1457年 和人との対立が深まりコシャマインの戦いが起こる

コシャマイン率いるアイヌの挙兵 その原因は明の弱体化だった？

和人との交易比重が高まるなか 軋轢が生まれ蜂起につながる

かつて北海道は「蝦夷ヶ島《えぞがしま》」と呼ばれ、先住民族の**アイヌ**が暮らしていた。より正確に言うと、本州の北端や樺太《からふと》、千島《ちしま》列島を含む広大な地域が本来の居住域である。彼らは狩猟、採集のほか、本州に古くから住む「和人《わじん》」や大陸の民族とさかんに交易を行って生活していた。

アイヌの人々は、ユーラシア大陸北方の民族との交流を通じて、中国大陸の王朝とも取引をしていた。あまり知られていないが、蝦夷ヶ島、樺太、シベリア東部、朝鮮半島などを結ぶ広大な交易圏が栄えていた。例えば青森県にあった十三湊《とさみなと》は、北方交易のターミナルとして繁栄。中国大陸や朝鮮半島の陶磁器などが発掘されている。

ところが15世紀になると、中国大陸の動向がアイヌの交易に影を落とすようになった。明《みん》が**「北虜南倭《ほくりょなんわ》」**と呼ばれる外患に悩まされたことだ。「南倭」とは倭寇《わこう》の来襲、「北虜」とは北方遊牧民、特にモンゴル系の部族、オイラートとタタールの侵入のことである。

1449年、明の英宗《えいそう》（正統帝《せいとうてい》）は、オイラートの指導者エセン・ハンとの戦いで敗れ、捕虜となった（土木《どぼく》の変《へん》）。皇帝はのちに解放されるが、その後の明は北方からの圧迫に悩まされることになった。この影響で、明は北方異民族への交流に消極的になり、アイヌの対明貿易も縮小してしまった。それに従い、アイヌと和人の交易の比重が高まっていく。

室町時代には和人の蝦夷ヶ島への進出が進み、アイヌとの軋轢が生じていたが、土木の変の影響もそれを高めたと考えられる。1456年、取引のトラブルが原因で和人がアイヌを刺殺する事件が発生。翌年、首長**コシャマイン**の指導のもとアイヌが一斉蜂起した。アイヌの抵抗は和人を苦しめたが、蠣崎《かきざき》氏の客将・武田信広《たけだのぶひろ》がコシャマインを射殺し、乱は鎮圧された。信広はその功績によって蠣崎氏の家督を継ぎ、蝦夷ヶ島の和人支配地の領主となる。

蠣崎氏はその後、天下を統一した豊臣《とよとみ》氏・徳川《とくがわ》氏に臣従。松前藩主として、江戸時代にはアイヌとの交易を独占する。江戸時代にも、和人による過酷な収奪に対し、アイヌの組織的抵抗が発生している。

アイヌ民族の樹皮衣
樹皮や草の繊維を織り、衣服にしたもの。江戸時代中頃には、本州との交易で入手した木綿を使った衣服も身につけるようになる。
市立函館博物館蔵

歴史の流れ

土木の変
明が弱体化する
▼
明とアイヌの貿易減少
アイヌと和人との貿易が増加
▼
トラブルが多くなり
和人と対立を深める
▼
コシャマインの戦い
アイヌ民族の敗北
▼
蠣崎氏が蝦夷地の支配を強め
アイヌ民族の貿易に干渉

大陸情勢がアイヌ民族と和人の交易に影響を与えた

北海道から出土した中国の古銭
函館湾に面した海岸段丘上に築かれた志苔（志濃里）館付近で出土した中国の古銭。
市立函館博物館蔵

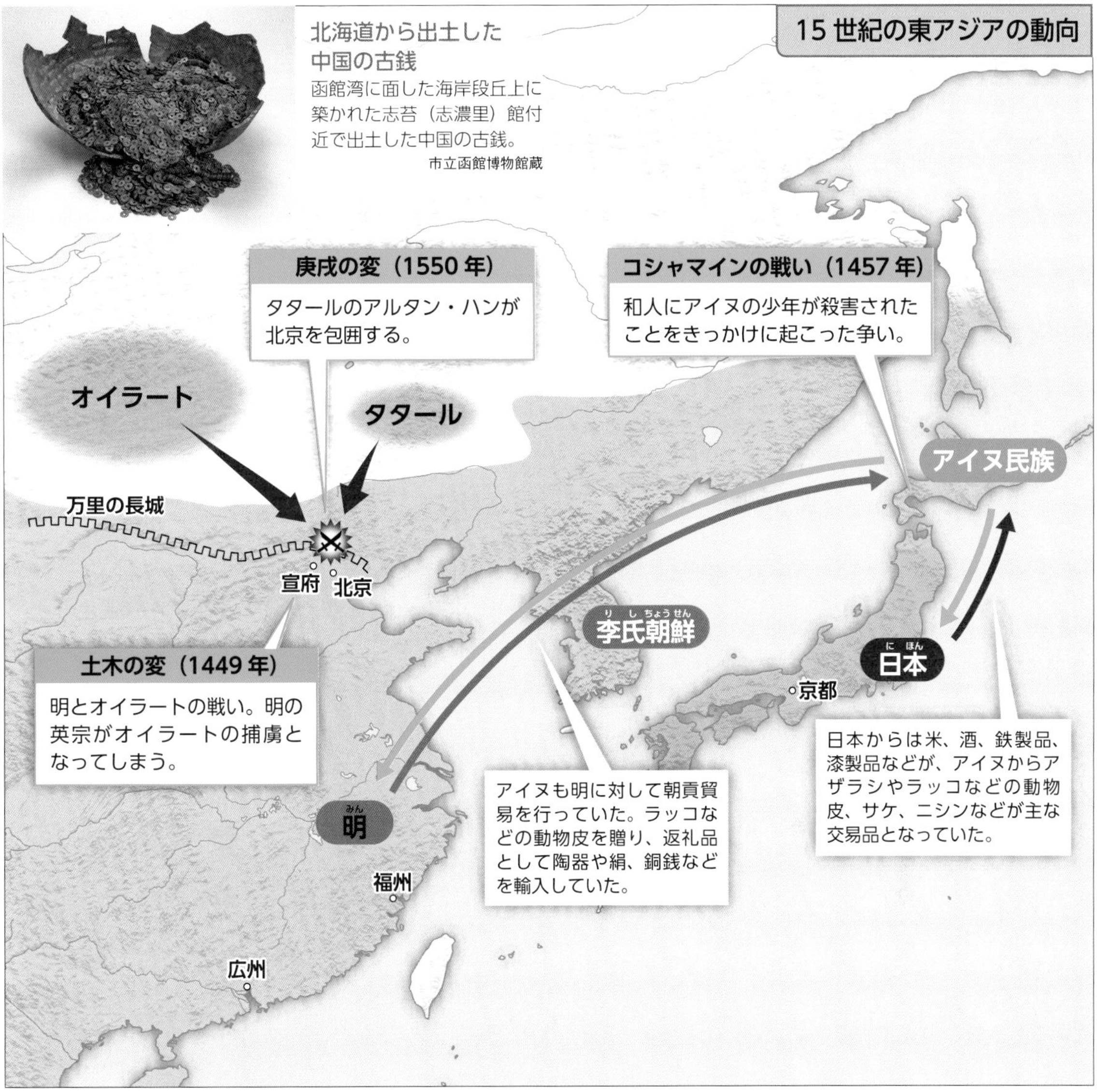
15 世紀の東アジアの動向
庚戌の変（1550 年）
タタールのアルタン・ハンが北京を包囲する。
コシャマインの戦い（1457 年）
和人にアイヌの少年が殺害されたことをきっかけに起こった争い。
オイラート
タタール
万里の長城
宣府
北京
アイヌ民族
李氏朝鮮《りしちょうせん》
日本《にほん》
京都
土木の変（1449 年）
明とオイラートの戦い。明の英宗がオイラートの捕虜となってしまう。
明《みん》
福州
広州
アイヌも明に対して朝貢貿易を行っていた。ラッコなどの動物皮を贈り、返礼品として陶器や絹、銅銭などを輸入していた。
日本からは米、酒、鉄製品、漆製品などが、アイヌからアザラシやラッコなどの動物皮、サケ、ニシンなどが主な交易品となっていた。

その時世界は？

コシャマインの戦いが起こった頃、ビザンツ帝国が滅亡を迎える

1457年
1453年

４世紀末、ローマ帝国は東西に分裂。西ローマ帝国は短期間で滅んだが、東ローマ（ビザンツ）帝国は千年以上も命脈を保ち、コンスタンティノープルを首都として独自の文化を築き上げた。しかし中世末期のビザンツ帝国は、イスラム勢力などに領土を奪われ、わずかな領土を残すのみとなっていた。1453 年、オスマン帝国のメフメト２世がコンスタンティノープルを包囲した。２カ月近い抵抗の末に帝都は陥落し、ビザンツ帝国は千年の歴史を閉じた。同市はその後イスタンブルと改称され、オスマン帝国の首都となった。

ビザンツ帝国時代に築かれたトルコのアヤソフィア（トルコ・イスタンブル）。

1428年 民衆が団結し正長の土一揆が起こる

惣村の発達と一揆はどのように既存権力を脅かしたのか？

歴史の流れ

民衆が団結し
惣村の自治が進む
▼
幕府や守護に抵抗
▼
全国で一揆が多発
正長の土一揆など
▼
加賀の一向一揆など
一国を長期支配する例も
▼
豊臣政権の刀狩など
兵農分離につながる

自治を獲得した農村の一揆が支配層にとっての脅威に

鎌倉時代以降、西日本を中心に二毛作《にもうさく》や牛馬耕《ぎゅうばこう》が普及したことで農業生産力が向上。農民が経済的に力を蓄え、次第に領主の支配から自立するようになった。また、鎌倉末期～南北朝の動乱期には、武装して村を自衛する必要がでてきた。こうして、農村では**惣村**《そうそん》（惣）と呼ばれる自治組織が生まれる。村は独自の掟をつくり、用水などの利用を話し合いで決定した。また村内の秩序を維持するために「**検断**《けんだん》」という警察権・裁判権も行使したのである。

また、領主の収奪に抵抗したり、借金の帳消し（徳政《とくせい》）を要求する目的で、民衆が団結して**土一揆**《どいっき》を起こすようになった。1428年に発生した正長《しょうちょう》の土一揆が代表例である。なお、「一揆」といえば民衆反乱というイメージが強いが、本来の意味は「共通の目的のために団結すること」で、中世では武士なども一揆を形成する。

この頃は、武士と百姓の身分差がはっきりしていたわけではなく、地侍《じざむらい》という武士と百姓の中間に位置する武士もいた。小さな所領を持って自ら田畑を耕している者や、百姓が力をつけて武家に仕えるようになった者のことだ。惣村の指導者を乙名《おとな》、沙汰人《さたにん》などと呼んだが、地侍がそうした地位につき、村落をまとめることもあった。

百姓や地侍の上の階層にあたる、土着の領主層である国衆《くにしゅう》（国人《こくじん》）も、中央の統制が緩むとともに力をつけていった。彼らが団結して、幕府や守護《しゅご》大名から権益を守ろうとしたのが国一揆で、応仁《おうにん》の乱《らん》のあとに急増した。1485年の山城《やましろ》の国一揆では、内紛を繰り広げていた守護の畠山《はたけやま》氏の軍を退去させ、8年にわたる自治を行った。

宗教勢力が一揆を形成する場合もあった。浄土真宗《じょうどしんしゅう》（一向宗《いっこうしゅう》）信者の一向一揆のほか、日蓮宗《にちれんしゅう》（法華宗《ほっけしゅう》）信者による法華一揆などである。1488年には、**加賀**《かが》**の一向一揆**が守護の富樫《とがし》氏を倒し、以後百年にわたり「百姓の持ちたる国」となった。

大規模化した一揆は、のちに天下人となる織田信長《おだのぶなが》や豊臣秀吉《とよとみひでよし》をも苦しめた。天下を統一した秀吉は、刀狩《かたながり》で農民から武器を取り上げるなどの政策を通じて、農民と武士の分化（兵農分離《へいのうぶんり》）を進めていった。

浄土真宗の僧・蓮如
［1415-1499］蓮如の布教により、近畿・東北・北陸で浄土真宗本願寺派が力を持ち、加賀の一向一揆へとつながった（京都市山科区）。

民衆の自治意識が発達した惣村

惣村(惣)

畿内を中心とした農民たちが自らつくりだした、自立的・自治的な村のこと。惣百姓(地侍・名主・作人)が主な構成員で、農業や自衛を共同で行うことで結束していた。

指導者

おとな(長・乙名)、沙汰人

乙名は、村の年長の者から複数名選ばれ、村の運営を行った。沙汰人は世襲で、その地位を受け継いだ。

寄合《よりあい》

惣村の運営方針を決めるための会議。村人全員が参加した。もめ事や村掟、一揆、農事などについて協議した。

宮座《みやざ》

村の鎮守の氏子組織。神社の祭祀を取り仕切る役割を担っており、惣村の団結の中心的な役割を果たしていた。

入会地《いりあいち》

村人が共同で使用する山や野原、沼などのこと。

地下請《じげうけ》

年貢を惣村でまとめて納入する制度。村請、百姓請とも。

検断

秩序維持のため、村人自身が警察権、裁判権を行使すること。

村掟

村で決められた規則。違反者には罰則があった。地下掟とも。

↓

惣荘《そうしょう》・惣郷《そうごう》ごとに団結 = 一揆

荘園(荘園領主の支配地)
惣荘: 惣村 / 惣村 / 惣村

郷(公領)(国司の支配地)
惣郷: 惣村 / 惣村 / 惣村

惣村の連合体

愁訴《しゅうそ》

年貢減免などを、領主に嘆願すること。

強訴《ごうそ》

要求を掲げて集団で押しかけること。

土一揆

領主や高利貸に武力で対抗すること。

逃散《ちょうさん》

村が団結して耕作を放棄し、逃げること。

その時世界は?

山城の国一揆が起こった頃、 1485年
イベリア半島でスペイン王国が成立 1479年

中世後期、イスラム勢力に支配されていたイベリア半島では、キリスト教勢力が国土を回復するレコンキスタ運動が盛んになった。その結果、カスティーリャ、アラゴン、ポルトガルの各王国が特に有力となり、1469年、カスティーリャの王女イサベルとアラゴンの王子フェルナンドが結婚。1479年から両国は夫妻の共同統治となり、イスパニア(スペイン)王国が成立した。イベリア半島からイスラム勢力を駆逐した両王は、コロンブスの航海を支援してアメリカ大陸への航路を発見。スペインはポルトガルとともに大航海時代の幕を開ける。

女王の支援を受けたコロンブスが、新大陸から帰還した様子。

1467年

11年の長きにわたり続いた応仁の乱が幕を開ける

応仁の乱はなぜ全国に拡大したのか？

失墜する室町幕府の権威 中央の争いが全国に飛び火する

室町時代、各地の領国を支配する**守護《しゅご》大名**に対して、足利《あしかが》将軍の力はあまり強くなかった。そのため3代将軍・足利義満《よしみつ》、4代将軍・義持《よしもち》は、口実をつけて有力な守護大名を滅ぼすことで、権威を維持した。

6代将軍・義教《よしのり》も将軍の権威を高めようとし、専制政治を行った。しかし1441年、粛清を恐れた有力守護大名の赤松氏に暗殺されてしまい、足利将軍の権威は失墜した（**嘉吉《かきつ》の変《へん》**）。逆に守護大名の発言力は高まり、細川氏と山名《やまな》氏が幕政を主導するようになっていく。

細川氏と山名氏の対立に加え、8代将軍・義政《よしまさ》の後継者争い、斯波《しば》氏、畠山《はたけやま》氏の家督《かとく》争いなどが複雑に絡み合った結果、1467年に**応仁《おうにん》の乱《らん》**が勃発する。11年も続いた戦乱は京都を焼け野原にし、地方にも波及した。こうして、日本は**下剋上《げこくじょう》**のはびこる戦国時代へと突入していく。

室町時代、畿内近国の守護大名たちは領国にはおらず、京都で幕政に関わることを義務づけられた。代わりに領国で政務に携わったのは、守護の代理人である守護代《しゅごだい》である。しかし戦乱が長引くと、領国に戻って支配を固める者が現れはじめた。また守護代だった者が守護大名を追放したり、在地の国人領主などからのし上がったりするなど、己で領国を築き独自の支配を行う者が誕生する。こうした地方勢力のことを**戦国大名**と呼ぶ。

なお、15世紀以降の動乱は対外関係とも密接な関わりがあった。3代将軍・義満がはじめた日明貿易（勘合《かんごう》貿易）は、4代・義持が中断したものの6代・義教のときに復活する。当初、日明貿易は幕府の独占だったが、復活後は豪商や有力守護大名に委任されるようになった。そして日明貿易の利権をめぐり、博多商人と結びついた大内氏と、堺商人と結びついた細川氏が対立。応仁の乱でも大内氏は西軍につき、東軍の細川氏と戦うことになった。

日明貿易における両者の対立は、応仁の乱後もエスカレートした。1523年には、明の貿易港・寧波《ねいは》で両家の武力衝突も起きている（**寧波の乱**）。その後、貿易は大内氏が独占するが、大内氏が滅亡すると勘合貿易も断絶してしまった。

山名宗全（右）と細川勝元（左）
『応仁記 山名細川確執之図』に描かれた宗全と勝元。
鳥取市歴史博物館蔵

歴史の流れ

- 6代将軍・義教が暗殺され幕府の権威が失墜する
- ▼ 将軍の後継問題や守護大名の利権争いが戦いに発展
- ▼ **応仁の乱** 守護大名家の疲弊
- ▼ 守護代・有力国人の領国乗っ取りが発生
- ▼ **既存の統治機構が崩れ下剋上の時代が到来**

応仁の乱をめぐる人物関係と焼き尽くされた京の都

乱の相関図

		西軍	関係	東軍
有力守護大名の対立		山名持豊《もちとよ》（宗全《そうぜん》）	舅 VS 娘婿	細川勝元《かつもと》
将軍の後継問題		足利義尚《よしひさ》	甥 VS 叔父	足利義視《よしみ》
将軍の後継問題		義視	VS	（義尚の父）足利義政・義尚
管領家の後継問題	畠山氏	畠山義就《よしなり》	従兄弟 VS 従兄弟	畠山政長《まさなが》
管領家の後継問題	斯波氏	斯波義廉《よしかど》	親戚 VS 親戚	斯波義敏《よしとし》
各地の守護大名の対立		有力守護 六角氏 大内氏 仁木氏 一色氏 河野氏 ほか	VS	有力守護 赤松氏 京極氏 武田氏 富樫氏 ほか

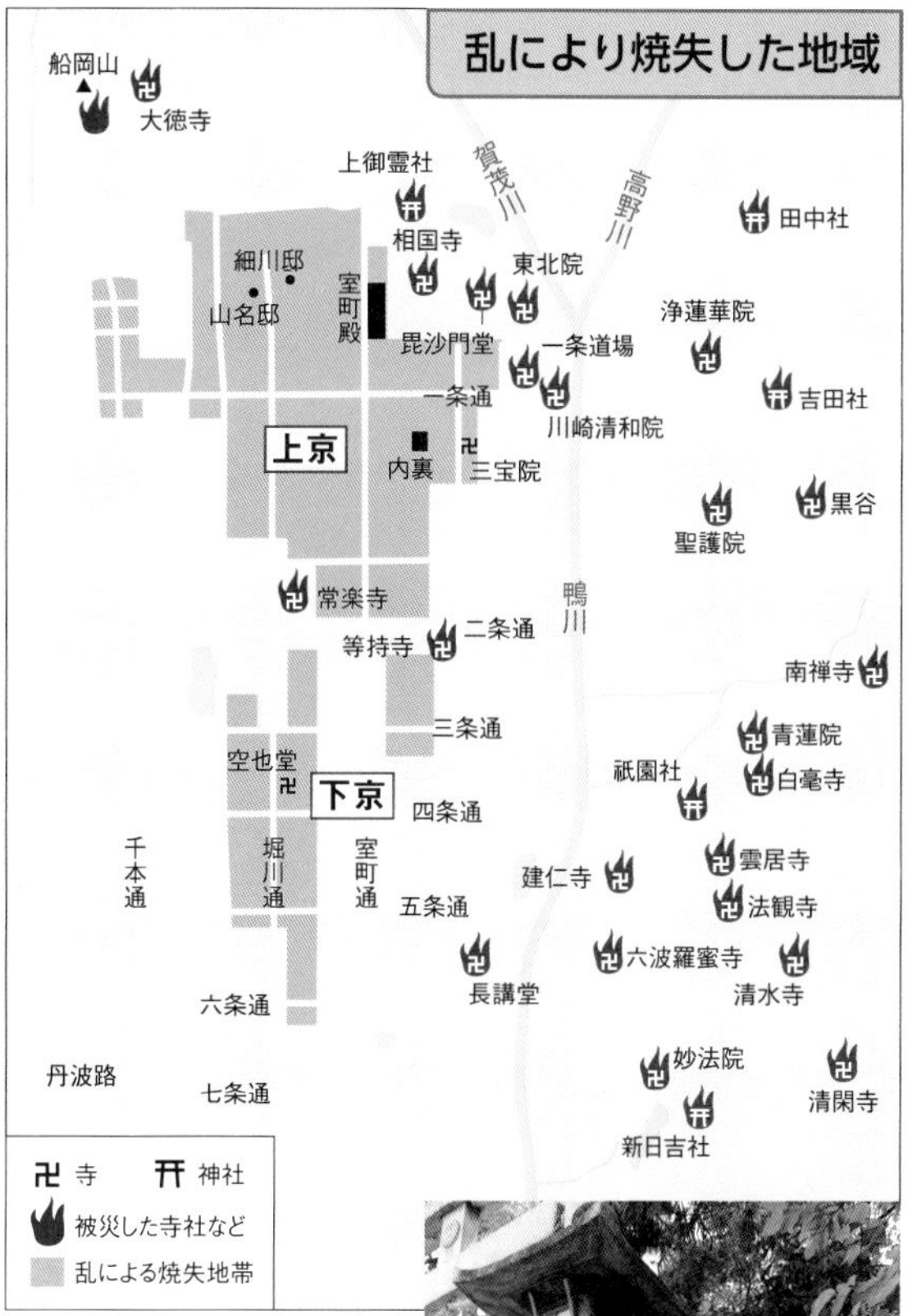
乱により焼失した地域
船岡山
大徳寺
上御霊社
賀茂川
高野川
相国寺
田中社
細川邸
山名邸
室町殿
東北院
浄蓮華院
毘沙門堂
一条道場
一条通
吉田社
川崎清和院
上京
内裏
三宝院
黒谷
聖護院
鴨川
常楽寺
等持寺
二条通
南禅寺
三条通
青蓮院
空也堂
下京
祇園社
白毫寺
四条通
千本通
堀川通
室町通
建仁寺
雲居寺
五条通
法観寺
六波羅蜜寺
長講堂
清水寺
六条通
妙法院
丹波路
七条通
清閑寺
新日吉社
寺
神社
被災した寺社など
乱による焼失地帯

応仁の乱勃発地
御霊神社

応仁の乱勃発地の碑
応仁の乱の本格的な幕開けとなる上御霊神社の戦いが起こった、上御霊神社敷地内に建つ石碑（京都市上京区）。

その時世界は？

応仁の乱が始まった頃、イングランドでバラ戦争が勃発

1467年
1455年

フランスとの百年戦争に敗れたイングランドでは、1455 年に王位継承権をめぐる内乱、バラ戦争が始まった。王位を争ったランカスター家とヨーク家のシンボルがそれぞれ前者が赤バラ、後者が白バラだったことが「バラ戦争」と呼ばれる由来である。内乱は 30 年続いたが、ヘンリ７世が即位してテューダー朝を開くことで終結した。百年戦争とバラ戦争で貴族階級が疲弊したことで、イングランドでは国王の力が強まる。テューダー朝の時代は、ヘンリ８世やエリザベス１世といった君主が登場し、英国絶対王政が花開いた時代となった。

テューダー朝を開いたヘンリ７世。
ナショナル・ポートレート・ギャラリー蔵

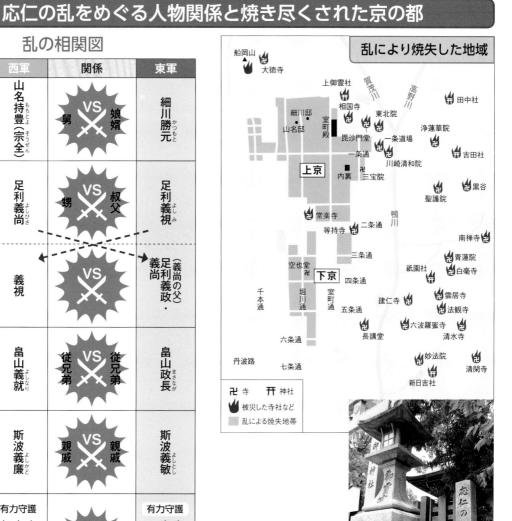

武家と公家の文化が融合した室町文化

室町文化はどのような特徴を持ちいかにして各地に広まったのか？

応仁の乱をきっかけに地方に伝播した室町文化

室町時代の文化といえば、3代将軍・足《あし》利義満《かがよしみつ》の時代を中心とする**北山文化**と、8代将軍・義政《よしまさ》の時代を中心とする**東山文化**に大別される。北山文化は、上級武士と貴族の文化が融合する形で生まれた壮麗な文化で、義満の山荘・金閣が代表例だ。義満の保護を受けた観阿弥《かんあみ》・世阿弥《ぜあみ》が能（能楽）を大成したことも重要である。

一方の東山文化は、戦乱をよそに風雅な生活を送った将軍・義政のもとで花開いた。伝統的な武家、貴族の文化に、禅宗の思想などが加わって「幽玄《ゆうげん》・侘《わび》」を重視する簡素な文化となった。銀閣に代表される、床《しょ》の間や障子などを伴った建築様式である書院造《いんづくり》のほか、龍安寺《りょうあんじ》の石庭（枯山水《かれさんすい》）、侘《わび》茶《ちゃ》や生花の登場などである。

これらの文化は、中国大陸の強い影響を受けていた。10世紀に成立した宋《そう》は、北方遊牧民の圧迫に悩まされ、軍事的には弱体だった。その代わり経済力は強く、知識人階級が成長して豊かな文化が花開く。精神性を重んじる水墨画の基礎が確立されたのはこの頃で、宋から元《げん》代に活動した牧谿《もっけい》が有名である。

中国大陸から日本に輸入された絵画（唐《から》絵《え》）や学問は、主に禅僧を担い手として文化を発展させた。15世紀、明に渡って**水墨画**を学んだ禅僧の雪舟《せっしゅう》は、水墨画を日本的な様式に発展させ、「山水長巻《さんすいちょうかん》」や「秋冬山水図《しゅうとうさんすいず》」などの名作を残した。

さて、1467年に勃発して京都を荒廃させた応仁《おうにん》の乱《らん》だが、文化的にはプラスの影響もあった。長引く戦乱により、都の貴族や文化人たちが地方に疎開したため、文化が全国に波及したのである。例えば周防《すおう》の大名・大内氏は積極的に文化人を受け入れ、城下町の山口は「西の京」と呼ばれる繁栄を謳歌した。前述の雪舟も、大内氏の庇護を受けている。

また、この頃には地方の寺院が教育の担い手となり、地方の武士や庶民の教養も高まった。都市部では町衆《ちょうしゅう》と呼ばれる庶民階級が発達。庶民の間では、民間伝承などをまとめた物語集**「御伽草子《おとぎぞうし》」**などの文芸が好まれた。「御伽草子」に含まれる「一寸法師」「浦島太郎」などの物語は、現在も親しまれている。

足利義政
[1436-1490] 8代将軍。引退後、東山に銀閣を建てるなど、東山文化を開花させた。
東京国立博物館蔵

歴史の流れ

貿易によって大陸文化が日本に伝わる
▼
3代将軍・義満の時代に北山文化が発展
▼
8代将軍・義政が東山文化を発展させる
▼
応仁の乱が勃発し知識人たちが地方へ逃れる
▼
室町文化が地方の庶民の間にも広がるようになる

室町時代の文化は現在の日本文化の源流となっている

水墨画

墨の濃淡で人物や風景を描く。明で技法を学んだ雪舟が、日本的な水墨画様式をつくりあげた。本作は雪舟の代表作「秋冬山水図」。 東京国立博物館蔵

生花

書院造が広まったことで床の間を花で飾る風習が一般化する。中国風の掛け軸の前に、香炉、燭台、花瓶を置く三具足飾が流行し、16 世紀中頃には池坊が立花を大成。江戸時代には庶民にも広まり、生花として受け継がれて現在に至る。 「文阿弥花伝書残巻」九州国立博物館蔵

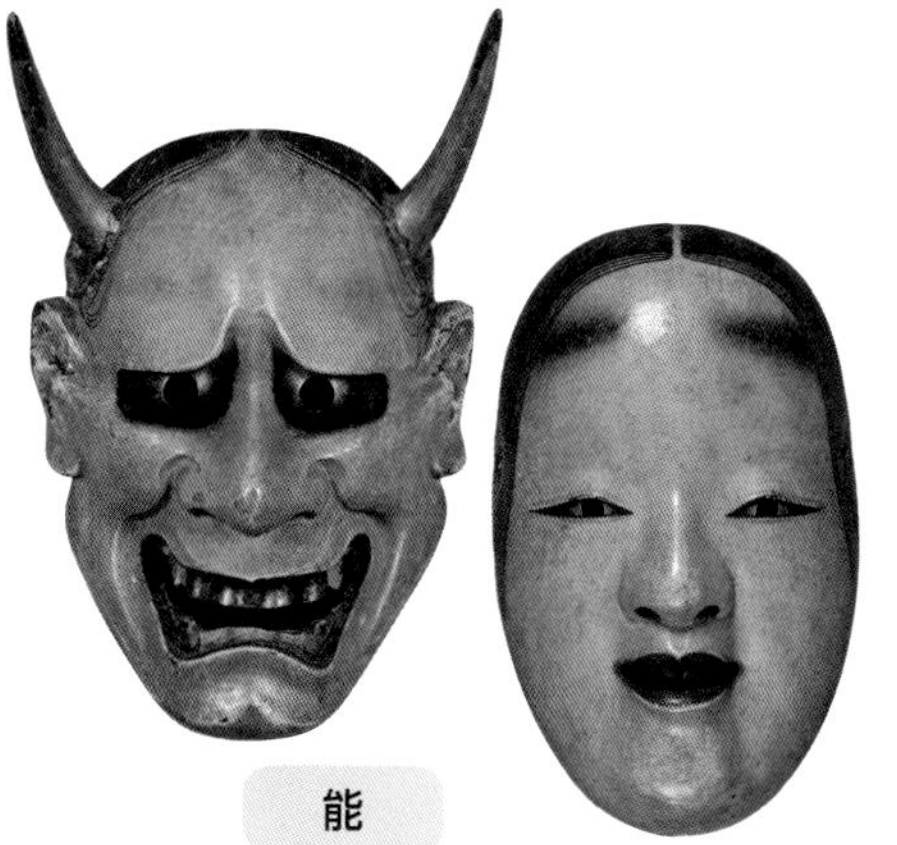

能

猿楽や田楽をルーツにした歌舞劇。観阿弥・世阿弥が３代将軍・義満の保護を受けて完成させた。翁、鬼、神、男、女などの面を着けて舞う。「能面 小面」［右］、「能面 般若」［左］、ともに東京国立博物館蔵

庭園

東山文化における書院造の発展とともに、禅の精神を表現した庭園がつくられる。その代表として、龍安寺に見られるような、岩と砂利でつくられた枯山水があげられる（京都市右京区）。

その時世界は？

雪舟が「山水長巻」を完成させた頃、「ヴィーナスの誕生」が制作される

1486年 1485年頃

近代以前のイタリアには統一国家がなく、多数の王国や都市国家に分かれていた。特に、遠隔地貿易で栄えた都市国家は富を蓄え、文化人が活躍する素地ができており、14 ～ 16 世紀には、イタリア半島を中心にギリシャ・ローマの古典文化を復興する運動「ルネサンス」が興隆した。イタリア中部の都市国家フィレンツェでは、富豪メディチ家の保護を受けた画家ボッティチェリが「春」「ヴィーナスの誕生」などの傑作を残した。ほかにレオナルド・ダ・ヴィンチ、ミケランジェロ、ラファエロがルネサンスの画家として有名だ。

ボッティチェリの「ヴィーナスの誕生」。
ウフィツィ美術館蔵

1493年 明応の政変が起こり初の戦国大名が誕生

戦国時代の幕開けは応仁の乱ではない!?

視点によって変化する戦国時代のはじまり

室町幕府の権威が衰え、全国に戦国大名が割拠した戦国時代。一般には、1467年の応仁《おうにん》の乱が、戦国時代のはじまりとされている。しかし研究者の間では、戦国時代の開始をいつとするかについては見解が分かれる。

まず、応仁の乱よりも早く、1454年にはじまった**享徳《きょうとく》の乱**を起点とする説。京都にいた室町幕府の将軍に代わり、関東地方を統治したのが鎌倉公方《かまくらくぼう》で、将軍家から分かれた足利《あしかが》氏が就任した。鎌倉公方の補佐役を関東管領《かんとうかんれい》といい、代々上杉氏が継いだ。この鎌倉公方と関東管領の間の内紛が享徳の乱である。乱は関東を中心に20年以上続き、東国は一足早く乱世に突入した。

下剋上《げこくじょう》が足利将軍にまで及んだという意味で、1493年の**明応《めいおう》の政変**を画期とする意見もある。管領(将軍に次ぐ室町幕府のナンバー2)の細川政元《まさもと》が起こしたクーデター事件である。1490年に10代将軍に就任した足利義稙《よしたね》は、幕府の権威を回復するための軍事行動に積極的だった。これが細川政元との主導権争いを引き起こし、政変を招いたのである。義稙は将軍を廃され、足利義澄《よしずみ》が新将軍に擁立された。将軍が臣下に廃立《はいりゅう》されるという事件により、足利将軍の求心力は完全に失われた。

クーデターを起こした細川政元は、「半将軍」と呼ばれるほどの権勢をふるった。しかし、3人の養子の間で後継者争いが起き、自身も1507年に暗殺されてしまう。こうして、京都周辺では細川氏の内紛を原因とする長期間の混乱が続く。

明応の政変と同じ年、最初の戦国大名ともいわれる**北条早雲《ほうじょうそううん》**(伊勢盛時《いせもりとき》)が伊豆に侵攻した。中央のクーデターに呼応しての軍事行動と考えられている。早雲はさらに、小田原《おだわら》城を攻め落として相模《さがみ》に本拠地を築き、北条氏は関東一円を支配する**戦国大名**に成長する。明応の政変は、最初の戦国大名を生んだという意味でも象徴的な事件だ。

こうして、戦国大名たちが各地で華々しく名乗りを上げるなか、幕府は衰退の一途を辿る。以降、最後の将軍・義昭《よしあき》に至るまで、歴代将軍は乱世に飲み込まれ、ついに復権は叶わなかった。やがて織田信長《おだのぶなが》の台頭とともに、室町幕府は消滅する。

北条早雲
[1456？-1519] もともとは名門武家・伊勢氏の出身で駿河の今川氏の客将となっていた(神奈川県小田原市)。

歴史の流れ

享徳の乱
関東が乱世に突入
▼
応仁の乱により
戦乱が全国に広がる
▼
明応の政変
足利将軍の権威が失墜
▼
明応の政変に呼応し
北条早雲が東国で台頭
▼
本格的な戦国時代が到来

乱世に翻弄された幕府衰退期の将軍たち

13代 足利義輝《よしてる》
[1536 ～ 1565]

- 在位の半分は流浪
- 三好長慶と和睦し帰京を果たす
- 三好氏と手を結び幕府の再興に尽力する

三好三人衆に御所を襲撃され、奮闘の末に殺される（自害とも）

14代 足利義栄《よしひで》
[1538 ～ 1568]

- 15 代・義昭と将軍職を争い勝利
- 三好三人衆に擁立されるも、約半年ほどで病死する

織田信長に擁立された義昭が上洛に動き出した頃、在位期間わずか7カ月で病死

15代 足利義昭《よしあき》
[1537 ～ 1597]

- 信長に擁立され 15 代将軍に就任
- 信長と幕府の運営の方針で対立して京から追放される

豊臣秀吉の天下統一事業の中で室町幕府は名実ともに消滅する

10代 足利義稙《よしたね》
[1466 ～ 1523]

- 六角征伐を行い一時的に将軍の求心力を回復させる
- 畠山基家の討伐で京を空けている最中に政変が起こり失脚

明応の政変で廃立され、その後再任するが 11 代・義澄の勢力と対立

11代 足利義澄《よしずみ》
[1480 ～ 1511]

- 明応の政変により、15 歳で将軍に就任する
- 実権を握っていた細川政元が暗殺され、政権が混乱

前将軍の義稙に追われ、近江に避難。義稙の復職に伴って将軍職を失う

12代 足利義晴《よしはる》
[1511 ～ 1550]

- 25 年の在位を誇る
- 在位中は細川氏と三好氏の紛争が続き、政権が安定しなかった

政情不安によって近江に亡命。将軍職を息子・義輝に譲る。その後病に倒れ自害

イラスト＝ニシザカライト

その時世界は？

明応の政変が起こった頃、スペイン王国がレコンキスタを完了

1493年 1492年

1492 年、スペイン王国は最後のイスラム勢力の拠点・グラナダを陥落させ、レコンキスタを完成させた。同じ年、スペインの目はイベリア半島の外に向かう。イタリア人の航海士コロンブスを援助し、インドを目指す航海に旅立たせたのである。当時のヨーロッパ人は、貴重な香辛料を産出するインド方面への航路を探求していた。コロンブスは、「地球は丸い」という立場から、西へ航海すればインドに到達すると考えたのである。到達したのはアメリカ大陸だったが、これによりヨーロッパ人の新大陸進出がはじまった。

グラナダにある代表的イスラム建築、アルハンブラ宮殿のライオンの中庭。

1543年 ポルトガル人が種子島に漂着し鉄砲が伝来する

南蛮貿易は南蛮商人を介した日本と明の中継貿易だった？

南蛮貿易で扱われたのは日明の産物が中心だった

15世紀にはじまった**大航海時代**が、香辛料の需要をきっかけとしていることは有名だ。香辛料はインドや東南アジアを産地とするが、ヨーロッパに至る交易ルートはイスラム勢力であるオスマン帝国に押さえられていた。スペインやポルトガルは、イスラム商人を介しない直接の交易ルートを求めて、航海に乗り出したのである。

1498年、ポルトガルのヴァスコ・ダ・ガマがインドに到達。16世紀前半には、ポルトガル人がアジアの交易圏に参入していった。1543年には、ポルトガル人が**種子島**に漂着して**鉄砲**を伝えている。これが日本と西洋の最初の接触である。

あまり知られていないが、漂着した船は中国人の倭寇《わこう》の船で、そこにたまたまポルトガル人が同乗していた。この頃の倭寇は中国人中心の密貿易集団「**後期倭寇**」で、日本人主体の前期倭寇と区別される。既存の交易ルートを間借りする形で、ポルトガル人は日本にやってきたのである。

1557年、ポルトガルは明《みん》からマカオの居住権を取得し、東アジアを舞台とした交易に本格的に参入した。こうして、九州の港を中心に南蛮貿易がはじまる。西洋の珍しい文物が入ってきたイメージが強いが、実際に取引された商品は、日本と明の産品が大半だった。

この頃の日本では、朝鮮半島から伝わった精錬術「**灰吹法**《はいふきほう》」によって銀の生産量が飛躍的に増大していた。世界遺産に登録されている石見《いわみ》銀山が特に有名である。17世紀初頭には、世界の銀の3分の1から4分の1が日本産だったという。銀が日本の主要な輸出品となる一方で、日本では中国の生糸・絹織物の需要が増大。ポルトガル人は、日明の中継貿易で利潤を得ていた。

ポルトガル人や、遅れてやってきたスペイン人の商業活動は、キリスト教宣教師の活動と不可分のものだった。南蛮貿易の利益に目をつけた九州の大名には、洗礼を受けて**キリシタン**になる者も多かった。のちに天下を統一する豊臣秀吉《とよとみひでよし》は、キリシタン大名と外国勢力の結びつきを警戒し、キリスト教の禁圧に乗り出すことになる。

大田市教育委員会提供

石見銀山の坑道入り口

石見銀山で唯一公開されている龍源寺間歩（坑道）の入り口。遺跡は2007年に世界遺産に登録されている（島根県大田市）。

歴史の流れ

大航海時代の到来
欧州商人がアジアに進出

▼

日本銀の産出量が飛躍的に増加

▼

欧州商人が日本にも来航

▼

南蛮貿易
背景に日本銀への需要

▼

鉄砲やキリスト教など西洋の技術や文化が広まる

アジアの富を目指した欧州諸国

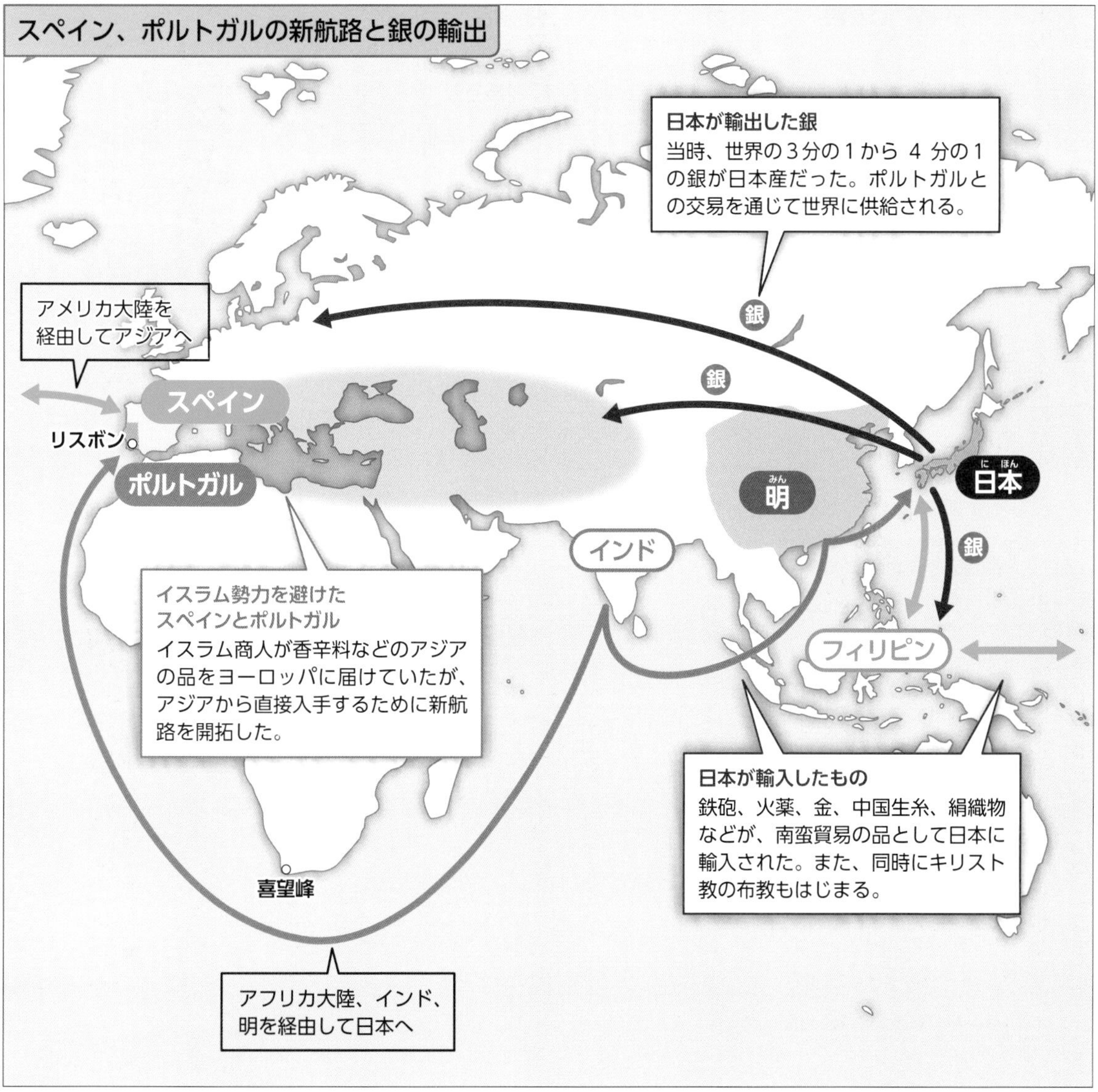
スペイン、ポルトガルの新航路と銀の輸出
日本が輸出した銀
当時、世界の3分の1から 4 分の1の銀が日本産だった。ポルトガルとの交易を通じて世界に供給される。
アメリカ大陸を経由してアジアへ
銀
銀
スペイン
リスボン
ポルトガル
明《みん》
日本《にほん》
インド
銀
フィリピン
イスラム勢力を避けたスペインとポルトガル
イスラム商人が香辛料などのアジアの品をヨーロッパに届けていたが、アジアから直接入手するために新航路を開拓した。
日本が輸入したもの
鉄砲、火薬、金、中国生糸、絹織物などが、南蛮貿易の品として日本に輸入された。また、同時にキリスト教の布教もはじまる。
喜望峰
アフリカ大陸、インド、明を経由して日本へ

その時世界は？

石見銀山で灰吹法が導入された頃、イエズス会が結成される

1533年
1534年

1517年、ドイツの神学者ルターがローマ・カトリック教会の腐敗を批判し、宗教改革がはじまる。同時期にスイスのカルヴァンも改革運動をはじめ、欧州各地にプロテスタント（新教）が広まった。新旧の宗派対立は、血生臭い弾圧や宗教戦争も引き起こした。また、プロテスタントの批判に対し、カトリックの内部でも改革運動が起きた（対抗宗教改革）。そのひとつが、世界各地にカトリックを布教するイエズス会の結成だ。1549年には、イエズス会士フランシスコ・ザビエルが鹿児島に来航し、キリスト教を伝えるのである。

マラッカのセントポール教会に建つザビエル像。ザビエルはマラッカで日本人と出会い来日を決意した（マレーシア）。

1582年 織田信長が本能寺の変で死去

織田信長は古い権威を否定した「乱世の革命児」なのか？

織田信長
[1534-1582] 尾張の小豪族の嫡男として生まれ、日本全国にその名をとどろかす戦国大名となる。豊田市郷土資料館提供／長興寺蔵

戦国時代を代表する武将 織田信長の戦いと政策

15世紀後半から1世紀にわたって戦国時代の乱世が続くが、**織田信長**《おだのぶなが》、豊臣秀吉《とよとみひでよし》の登場によって統一権力が生まれる。彼らが天下人だった16世紀後半を、その根拠とした地名から**安土**《あづち》**・桃山**《ももやま》**時代**という。

尾張《おわり》の戦国大名だった織田信長は、1560年に**桶狭間**《おけはざま》**の戦い**で駿河《するが》の今川《いまがわ》義元《よしもと》を破り、さらに美濃《みの》の斎藤氏を滅ぼす。

同時期の京都では、13代将軍・足利義輝《あしかがよしてる》が臣下の三好《みよし》氏に殺害される事件が起きていた（永禄《えいろく》の変）。

1568年、信長は上洛して義輝の弟・義昭《よしあき》を将軍に擁立《ようりつ》。自身は義昭を補佐する名目で、中央政治の実権を握った。その後、義昭と対立すると、彼を京都から追放して、1573年に室町幕府は滅んだ。

信長が現在も国民的人気があるのは「中世の破壊者」という先進的なイメージからだろう。例えば当時の寺社勢力は、広大な荘園を持つ延暦寺《えんりゃくじ》や、全国の一向一揆《いっこういっき》を指導していた石山本願寺《いしやまほんがんじ》など、絶大な力を保持していた。信長は、**延暦寺焼討ち**や石山本願寺との戦いなどを通じて、彼らを屈服させた。また、1575年の**長篠**《ながしの》**の戦い**では、新兵器の鉄砲を大量に活用して甲斐《かい》の武田勝頼《たけだかつより》を破った。

内政面では、**楽市**《らくいち》**・楽座**《らくざ》が有名だろう。中世の商工業者は、座という組合をつくって特権的利益を得ていたが、座の特権の撤廃や免税などにより、自由な商業を活性化させる政策を行った。

こうした事績から、「信長＝乱世の革命児」という図式が定着していた。しかし、近年の研究では、信長の政策は決して先進的なものではなかったことが明らかになっている。例えば、近江の大名・六角《ろっかく》氏は信長に先立つ1549年に、城下に楽市令を出している。また、信長は伝統的な権威を無暗に否定したのではなく、朝廷の権威などはそれなりに尊重していたと考えられるようになった。

いずれにせよ、信長は敵対する勢力との戦いに勝ちぬき、畿内を中心に一大勢力を築いた。しかし、信長個人への権力集中は不満も招き、1582年に家臣の明智光秀《あけちみつひで》に急襲され自刃する（**本能寺**《ほんのうじ》**の変**《へん》）。信長の政策は、家臣の羽柴秀吉《はしばひでよし》（豊臣秀吉）に引き継がれていった。

歴史の流れ

桶狭間の戦い
信長が今川氏を破る
▼
足利義昭を伴って上洛を果たす
▼
さまざまな政策・合戦を行い領土を広げていく
▼
本能寺の変
信長が急死
▼
信長の中央集権構想は秀吉に引き継がれる

本能寺の変の謎――光秀を謀反に走らせた要因は何か？

明智光秀

［1528 ？ -1582］越前の朝倉氏に仕えていた人物で、信長と義昭の仲を取り持った。本能寺の変を起こし、信長を暗殺する。　本徳寺蔵

仮説1　怨恨説　信長からの叱責に耐えかね恨みを晴らそうとした？

光秀は信長の右腕として織田政権を支えていた。しかし、ルイス・フロイスの『日本史』には、信長が人前で光秀を足蹴にしたという記述が見られる。日頃から信長は失敗に厳しく、人前でなじられたということが深い遺恨となったという説がある。

➡ **最も伝統的な説で否定はできない**

仮説2　義昭黒幕説　復権を妨げ続けられた足利義昭が元家臣を利用して暗殺？

一度は信長と手を結び、京へ復帰した将軍・義昭。その後、信長と袂を分かち、信長包囲網を形成するも勢力拡大を止められなかった。京を追われて以降も復権を望んでいた義昭は、元々幕臣だった明智光秀を利用し、暗殺させたとも考えられている。

➡ **協力要請などの史料がなく現実的でない**

仮説3　朝廷黒幕説　破壊者・信長を危険視した朝廷が暗殺を指示？

室町幕府が滅亡し、信長が新たな日本の支配者として揺るぎない地位を獲得しようとしていた。これに危機感を覚えた朝廷が裏で糸を引き光秀をけしかけたという説。

➡ **根拠となる史料がなく否定されている**

仮説4　秀吉黒幕説　自身の野望のために秀吉が光秀を利用した？

光秀が謀反を起こしたことを知り、秀吉は派遣先の中国地方から京へ戻った（中国大返し）。その後、山崎の戦いで光秀を討ち、新たな天下人として名乗りを上げる。中国大返しの対応が早すぎるなどの理由から、すべて秀吉の仕組んだ計画で、光秀は利用されたという説がある。

➡ **結果論でしかなく憶測の域を出ない**

真実は？　信長の政策方針の転換が原因か

近年、最も現実味のある説とされているのが、信長の四国攻略の政策方針の転換だ。四国の長宗我部氏との交渉を担っていた光秀は、長宗我部氏と血縁を結ぶなど、平和交渉を行っていた。しかし、信長は突如政策を転換。三男・信孝に四国の武力制圧を命じたのだ。この背景には、中国地方を攻略していた秀吉と光秀を競わせるといった思惑があったようだが、長年の苦労を無下にされた光秀は怒り、謀反に走ったとされている。

その時世界は？

信長が本能寺の変で討たれた頃、スペイン無敵艦隊が敗北する

1582年　1588年

大航海時代を先導したスペインは、新大陸を中心に広大な植民地を築いた。16 世紀末には、王家の断絶したポルトガルを植民地ごと併合し、「太陽の沈まぬ国」と称された。しかし、スペインの栄華は宮廷の浪費などが原因で間もなく陰りはじめる。1581 年には、新教・旧教の対立を背景にスペイン領オランダが独立を宣言し、独立戦争がはじまった。1588 年、スペインはオランダを支援するイングランドを攻撃するため、無敵艦隊（アルマダ）を派遣するが、イングランド艦隊に敗北。スペインの没落を象徴する事件となった。

アルマダの海戦で敗北するスペイン無敵艦隊。　国立海事博物館蔵

1592年・1597年
文禄・慶長の役で日本軍が朝鮮半島に侵攻

豊臣秀吉による朝鮮出兵の最大の理由とは何か？

天下統一事業の完成と豊臣政権の行き詰まり

豊臣秀吉《とよとみひでよし》といえば、下層階級出身から天下人にまで上り詰めたことで有名だ。織《お》田信長《だのぶなが》に仕えた秀吉は、徐々に軍事の才能を発揮して重臣へと出世した。1582年、信長が本能寺《ほんのうじ》の変《へん》で倒れると、すぐさま明《あけ》智光秀《ちみつひで》を山崎の戦いで破る。さらに、対立する織田家重臣の柴田勝家《しばたかついえ》を賤ヶ岳《しずがたけ》の戦いで破り、信長の後継者の地位に納まった。

1585年に朝廷から**関白《かんぱく》**に任じられた秀吉は、天皇のご意向という名目で、全国の大名に私的な戦闘を禁じ、領国の確定を秀吉に一任することを強制した。そして、これに違反したという口実で、九州の島津氏や関東の北条氏《ほうじょう》を征伐したのである。

1590年、秀吉は小田原《おだわら》城を落城させて北条氏を破り、**天下統一**を完成させた。

この頃、中国（明《みん》）を中心とする東アジアの国際秩序も揺らいでいた。明はもともと、海外との交流を統制する海禁《かいきん》政策をとっていたが、密貿易（後期倭寇《わこう》）の横行などを理由に、16世紀後半には海禁を緩めざるを得なくなる。東アジアの商業圏は活況を呈したが、明の皇帝の権威は弱まった。

その頃に日本を統一した秀吉は、日本を中心とする国際秩序を実力で打ち立てようとした。秀吉は明の征服をもくろみ、その協力を拒んだ朝鮮に出兵した。**文禄《ぶんろく》の役《えき》**（1592）と**慶長《けいちょう》の役**（1597）である。

この朝鮮出兵は、天下統一によって諸大名の領土欲のはけ口がなくなり、海外に矛先を向けたという側面もある。また、キリスト教の布教を足がかりに各地の植民地化を進めていたスペインへの対抗心も背景にあったとする見方もある。

朝鮮に上陸した豊臣軍は、朝鮮軍や明の援軍の抵抗に苦しんだ。1598年に秀吉が病没すると豊臣軍は撤退するが、朝鮮各地で行われた残虐行為の遺恨は深かった。

この戦役で日本は何も得るところがなかった一方、前線で戦った武断派武将と、秀吉の名代として渡海した文治派武将との対立が残った。この対立は**関ヶ原《せきがはら》の戦い**の引き金となり、豊臣政権が崩壊する遠因となった。また、援軍を出した明も財政難に陥り、衰退に向かっていくのである。

豊臣秀吉
[1537-1598] 尾張の下層階級出身だが、信長の家臣として出世し、天下統一を成し遂げる。 高台寺蔵

歴史の流れ

秀吉は信長の後継者として天下統一事業を推進
▼
小田原攻め
天下統一完了
▼
諸大名に与える領地がなくなり国外に領土を求めはじめる
▼
文禄・慶長の役
秀吉による朝鮮出兵
▼
豊臣政権崩壊の原因に日朝関係にも禍根を残す

秀吉の野心は国外へ広がるも政権の寿命を縮める結果に…

三国の関係図

明《みん》
宗主国として李氏朝鮮に援軍を送り抵抗
従属関係
平壌
李氏朝鮮《りしちょうせん》
漢城
文禄の役では、15万の大軍を送り込んだが苦戦する。平和交渉は決裂し、続く慶長の役では日本軍はさらに厳しい戦況に陥る。
服従を拒否
明征服の足がかりに
釜山
明を征服したい
日本《にほん》
名護屋

安宅船と亀甲船の模型
左が日本軍の用いていた安宅船。右が朝鮮水軍の亀甲船。敵将・李舜臣が率いた水軍は、日本軍を大いに苦戦させた。
佐賀県立名護屋城博物館蔵

その時世界は？

豊臣秀吉が朝鮮出兵をはじめた頃、欧州諸国で東インド会社が設立

1592年
1600年

17世紀初頭、スペインに代わって台頭したのがオランダとイギリスである。イギリスでは、エリザベス1世時代の1600年、インド方面の貿易を独占する「東インド会社」が設立された。スペインから独立したオランダでは、アムステルダムを中心に商業・金融が発展し、1602年には世界初の近代的株式会社であるオランダ東インド会社が設立される。オランダは現在のインドネシアを植民地化し、17世紀の覇権を握った。一方、東南アジアでオランダとの競争に負けたイギリスは、インド進出に注力していく。なお、フランス、デンマーク、スウェーデンでも設立されている。

オランダ東インド会社の造船所の様子。

1600年 関ヶ原の戦いで徳川家康率いる東軍が勝利

天下分け目の関ヶ原の戦い 家康には不本意な戦いだった？

徳川家康
[1542-1616] 織田信長の天下統一事業に協力。秀吉の傘下となるが、秀吉の死後、関ヶ原の戦いを征し、江戸幕府初代将軍となる。　東京大学史料編纂所蔵（模写）

三成の決起は家康の計算通りではなかった

1598年に豊臣秀吉《とよとみひでよし》が没したのち、後継者の秀頼《ひでより》は年少であり、重臣の筆頭であった**徳川家康《とくがわいえやす》**が実権を握ることになった。それに対し、文治派武将の**石田三成《いしだみつなり》**が家康の政権奪取を阻止しようとして対立。1600年に**関ヶ原の戦い《せきがはら》**に至った。

この年、家康は会津《あいづ》の上杉景勝《うえすぎかげかつ》を討伐する兵を挙げた。家康が上方を留守にしている間、三成は**毛利輝元《もうりてるもと》**を総大将に担ぎ上げて挙兵。家康は関東から反転し、美濃の関ヶ原で東西両軍は激突し、東軍が勝利を手にした。従来は、老獪な家康が三成の挙兵を引き出し、反対派を一気に片づけたという筋書きで理解されてきた。

しかし近年の研究では、関ヶ原の戦いは家康の本意ではなく、むしろ彼は窮地に陥っていたのではないか、という見方が広まっている。そもそも、家康は他を圧倒する250万石の大大名である。秀吉が没してからの家康は、石田三成を失脚させ、加《か》賀《が》の前田利長《まえだとしなが》を屈服させるなど、政敵を手堅く各個撃破していた。リスクの大きい会戦を挑むより、政争で権力基盤を固めた方が、家康にとってメリットが大きかった。

家康が上方を空けている間に西軍は挙兵したが、これは家康にとって大きな誤算だったようである。これまで、お飾りの大将と思われてきた毛利輝元も、実は野心家で積極的に関与していたことがわかっている。西軍諸将が諸大名に発した**「内府《だいふ》ちがひの条々」**は、家康のこれまでの動きを弾劾するものだった。家康は「賊軍《ぞくぐん》」に転落する危機に陥っていたのである。

しかしながら、家康は豊臣家臣のうちでも、黒田長政《くろだながまさ》や福島正則《ふくしままさのり》ら武断派の武将と距離が近く、「賊軍」となっても彼らをつなぎとめることができた。一方、西軍は豊臣政権の維持を目標とする三成、領土的野心を持つ輝元など、足並みの乱れがあった。

関ヶ原の戦いは、東西両軍にとって想定外の事態を重ねた末に生じたものだったのである。決戦に勝利した家康は、結果的に反徳川勢力を一掃し、1603年に**江戸幕府**を開府。泰平の時代の礎を築いた。

歴史の流れ

- 今川氏→織田氏の配下として雌伏の時期を過ごした家康
- ▼
- 五大老に任命され豊臣政権の中心人物となる
- ▼
- 秀吉の死後、三成らが家康を糾弾
- ▼
- **関ヶ原の戦い** 家康が勝利する
- ▼
- **天下人となり江戸幕府を開府。以降260年続く泰平の時代に**

東西両軍約 16 万の兵が衝突し日本の命運が決する

関ヶ原合戦図屏風

1600 年 9 月 15 日に行われた関ヶ原の戦い。のちに天下分け目といわれる戦いは、わずか 1 日で決着がついてしまった。

関ヶ原町歴史民俗資料館蔵

島津軍は本戦の間は積極的に戦いに参加せず、終結後に敵中を突破して撤退した。

居城の佐和山城から出陣した三成は、大垣城に入城。その後、笹尾山に着陣した。

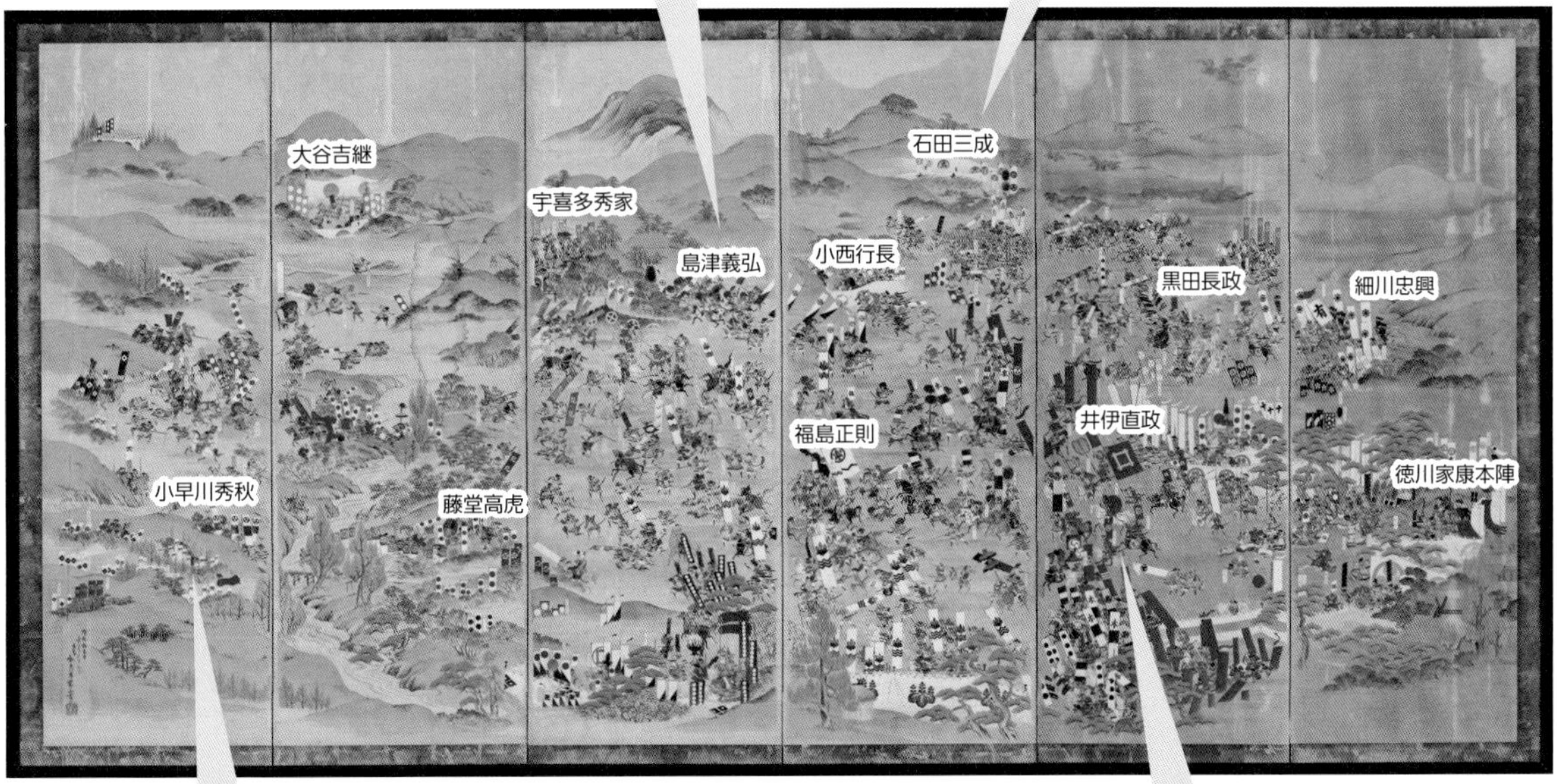
大谷吉継
石田三成
宇喜多秀家
島津義弘
小西行長
黒田長政
細川忠興
福島正則
井伊直政
徳川家康本陣
小早川秀秋
藤堂高虎

戦の途中で家康側に寝返った小早川秀秋。家康からの砲撃に恐れを成したというのは後世の創作で、事前に寝返り工作が成されていたという。

徳川四天王のひとりである井伊直政の隊は赤備えで出陣。井伊隊が宇喜多秀家隊（島津隊とも）に発砲し、合戦の火ぶたが落とされた。

その時世界は？

大坂夏の陣で豊臣家が滅んだ頃、ヌルハチが後金(清)を建国

1615年

1616年

関ヶ原の戦いで勝利した家康は、1603 年に江戸幕府を開く。しかし大坂城には豊臣秀頼が健在で、「二重公儀」の状態だった。家康は大坂冬の陣と夏の陣を通じて豊臣家を滅ぼし、徳川家の天下を確立する。同じ頃、中国大陸でも大きな変動があった。中国東北部（満州）に住む女真《じょしん》族の長・ヌルハチが部族を統一し、後金《こうきん》を建国したのである。ヌルハチの子・ホンタイジの代には、内モンゴルを従えて国号を「清《しん》」と改めた。明《みん》が 1644 年に農民反乱で滅ぶと、代わって清が中国大陸を統一するのである。

清建国の祖であるヌルハチの肖像。

北京故宮博物院蔵

1636年 江戸城惣構の完成

江戸はどのように開発され世界最大の都市になったのか？

世界一の人口を誇る大都市江戸ができるまで

江戸時代の政治の中心地だった**江戸**は、人口100万人を超える世界最大規模の都市だったという。現在も東京と名を変えて首都機能を果たしているこの都市は、どのように発展したのだろうか。

江戸は中世から**水陸交通の要衝**で、15世紀中頃には名将として名高い太田道灌《おおたどうかん》が**江戸城**を築いた。その後、江戸は小田原《おだわら》城を本拠とする北条《ほうじょう》氏に支配される。

1590年に豊臣秀吉《とよとみひでよし》が北条氏を破り、北条氏の旧領は徳川家康《とくがわいえやす》に与えられた。家康は江戸城を近世的な石垣造りの城に改築し、ここから江戸の発展が始まる。江戸幕府による首都建設は、4代70年に及ぶ壮大な計画だった。

江戸の開発は、神田山《かんだやま》を切り崩して日比《ひび》谷《や》入江を埋め立てるなど、地形を大きく変化させる大土木事業だった。物資の運搬や生活用水の確保のため、運河、用水も計画的に張りめぐらされた。1636年には、総延長14㎞の**惣構**《そうがまえ》（城下町まで囲む堀や土塁）が完成し、巨大都市へと成長する。

そんな江戸の街を大きく変えた事件が、1657年の**明暦**《めいれき》**の大火**である。江戸城の本丸や市街地の大半を焼き、死者数は10万人以上に上った。大火の後、幕府は防火対策などもふまえて江戸を抜本的に改造。延焼対策のため広小路などがつくられた。

数字には諸説あるが、17世紀半ばには30万人程度だった江戸の人口は、18世紀初頭には**100万人**に達したと推計されている。これは、同時期のパリやロンドンを上回る規模だった。ちなみに、西洋での都市の発展はどうだったのか。ロンドンはローマ時代からある歴史の長い都市だが、人口が急増するのは近世以降である。16世紀以降、イギリスの海外進出とともに貿易港として繁栄するようになり、14世紀に5万人程度だった人口は17世紀初頭に20万人、17世紀末には50万人以上に増えた。

1666年にはロンドン大火が発生し、市街地の大半が焼けた。これをきっかけに、家屋が木造建築でなく石造りや煉瓦《れんが》造りになるなど、近代的な都市へと再建されていった。日本と外国の都市は一概に比較できないが、大火が都市改造のきっかけになっているという共通点は興味深い。

歴史の流れ

秀吉の命で家康が江戸に入封
都市開発が開始される
▼
江戸幕府開府
▼
明暦の大火
城下町の整備が進む
▼
諸大名や牢人らが集い
人口100万人の都市に
▼
世界最大の都市に発展
国際都市TOKYOの
下地となる

江戸城富士見櫓
明暦の大火で天守が焼失して以降、江戸城の天守の代わりとなっていた富士見櫓（東京都千代田区）。

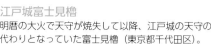

徳川がつくりあげた世界有数の大都市江戸

江戸の開拓

1590年以前の江戸

家康入封以前は、江戸城のすぐ近くまで日比谷入江が入り込んでおり、江戸湊には諸国から商船や漁船が出入りしていた。

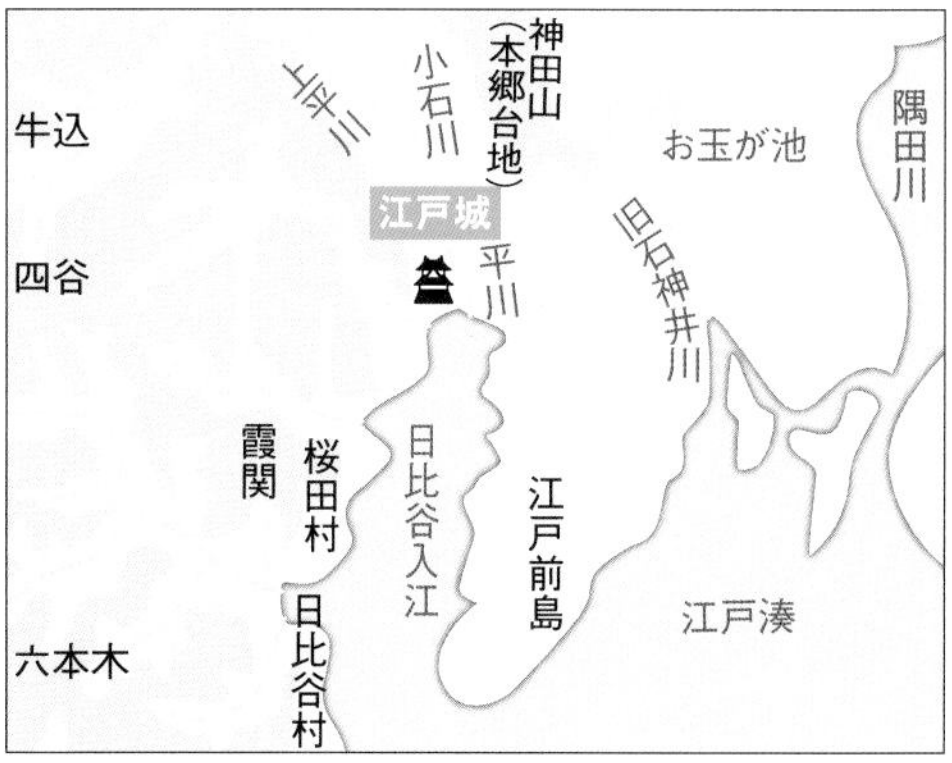

1607年頃の江戸

現在の駿河台付近にあった神田山を切り崩し、その土砂を利用して日比谷入江が埋め立てられた。埋め立て地一帯には、大名屋敷が建ち並んだ。

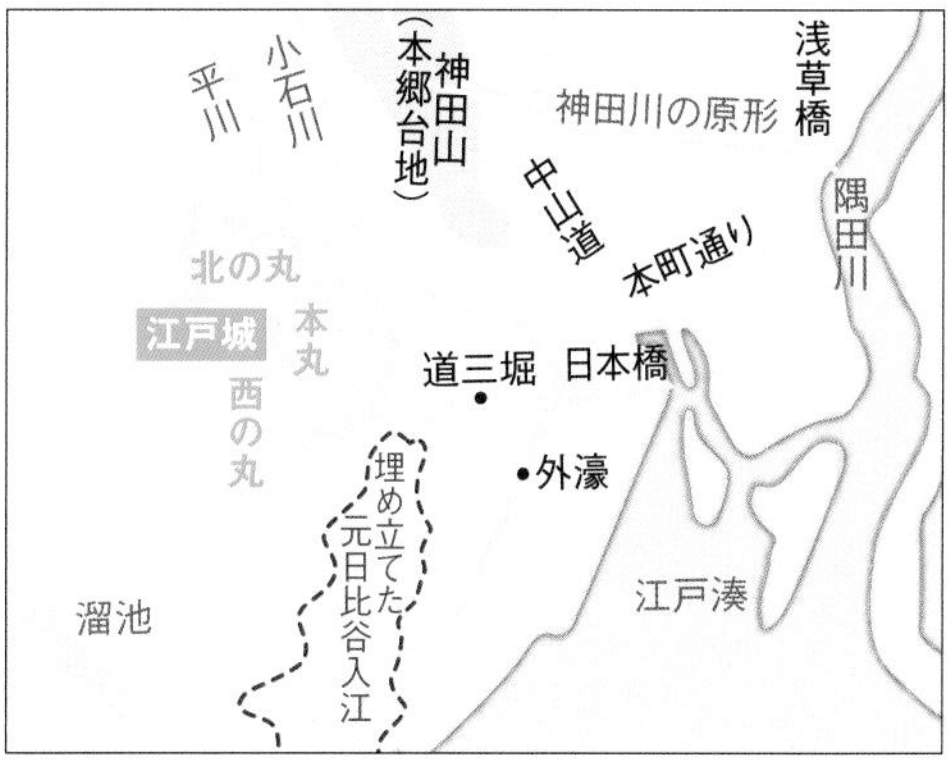

1620年頃の江戸

さらに埋め立てが進み、江戸城の外濠も拡張されていく。神田川はこの頃に人工的に作られた河川で、西国の諸大名により工事が行われた。

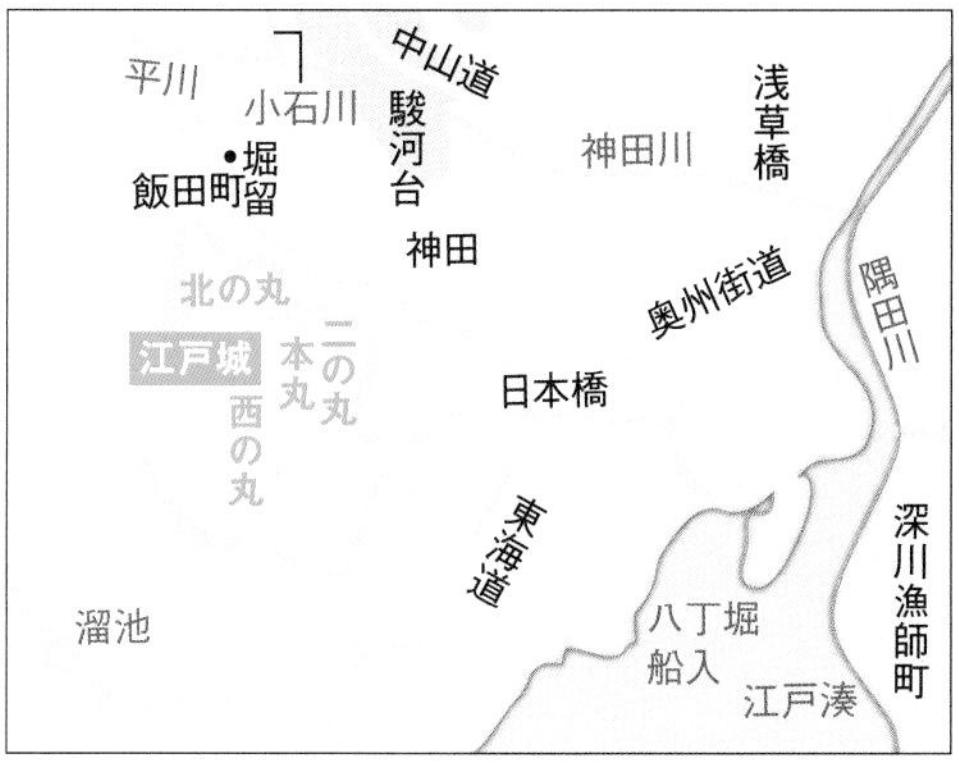

完成！

日本の首都として整備された江戸の町。当時整備された河川や街道は、現在でも利用されている。

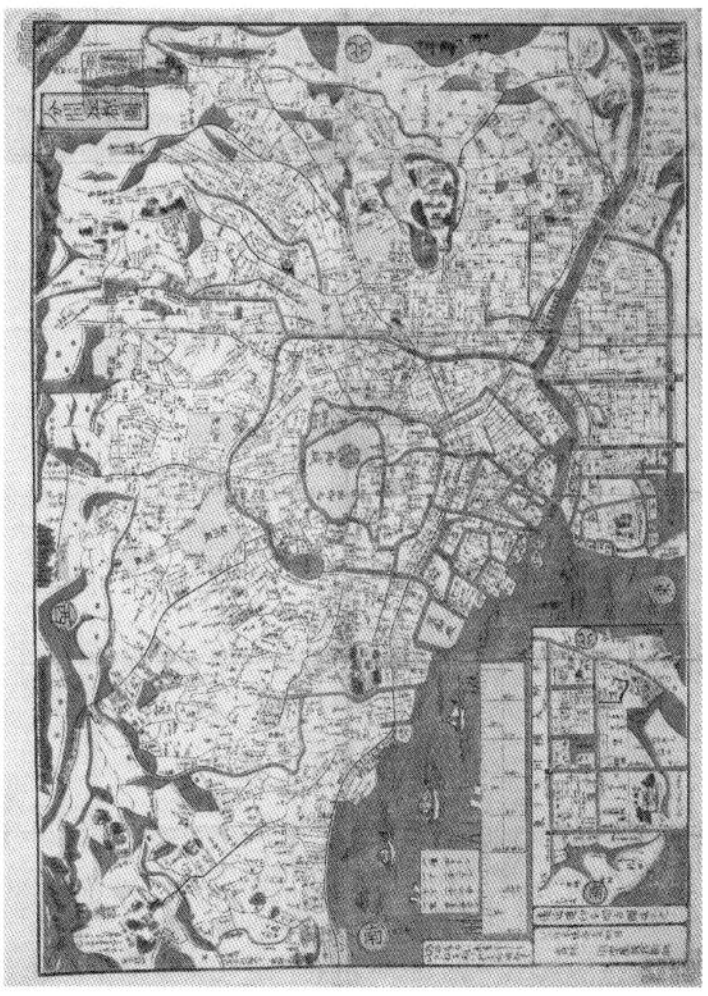

「分間江都図」
東京都立中央図書館特別文庫室蔵

その時世界は？

江戸城の天守建設が完了した頃、ガリレオが地動説によって有罪に

1638年
1633年

カトリック教会の権威を否定した宗教改革と、人間のありのままの姿を見つめたルネサンス。中世のヨーロッパを近世に転換させた社会の変化は、実証的な近代科学も生み出した。ポーランドの天文学者コペルニクスは、1543年に地動説（地球が太陽の周りを回っているとする説）を発表する。イタリアの物理学者ガリレオ・ガリレイも、天体の観測によって地動説の論証を試み『天文対話《てんもんたいわ》』を著した。しかし、彼の研究は天動説を主張するカトリック教会と対立するものだった。ガリレオは宗教裁判にかけられ、地動説を放棄させられた。

ガリレオの墓や家が残るルネサンスの中心地フィレンツェの町（イタリア）。

1639年 ポルトガル船の来航が禁止され鎖国が完成する

江戸時代に開かれていた「4つの窓口」とは何か？

次第に強まる交易制限 鎖国体制下での貿易

泰平の世が実現した江戸時代の初期、日本人は積極的に海外に進出した。幕府が発行した貿易許可証（**朱印状**《しゅいんじょう》）を携えた朱印船が、台湾や東南アジアなどに渡航。スペイン領のマニラやシャム（タイ）のアユタヤなど各地に日本町が形成された。

しかし、幕府はキリスト教への警戒から徐々に海外交流の制限へと動いていく。キリスト教を拠り所とした反乱や、宣教師を水先案内人としたスペイン・ポルトガルの侵略を恐れたためである。

1635年、3代将軍・家光《いえみつ》は日本人の海外渡航・帰国を禁止。さらに1637年、島原藩の圧政を背景に、キリシタンたちが島原・天草一揆《いっき》（**島原の乱**）を起こした。乱は翌年鎮圧されるが、1639年にはポルトガル船の来航が禁止され、いわゆる鎖《さ》国《こく》体制が完成するのである。

なお「**鎖国**」とは江戸後期から使われた用語で、対外関係を完全に断ち切っていたわけではない。明《みん》や清《しん》による対外関係・貿易の統制策「海禁」に近い体制が実態である。江戸時代を通じて、「**4つの窓口**」で対外交流は継続していた。

まず、長崎の出島《でじま》では西洋で唯一オランダが貿易を許可された。オランダは新教国であり、スペイン・ポルトガルと違ってここでは布教を行わなかったためである。なお、同じく新教国のイギリスは、オランダとの競争に敗れて東アジアから退いていた。

対馬《つしま》藩では、中世から続く領主の宗《そう》氏が朝鮮との外交窓口となった。江戸幕府は、秀吉の朝鮮出兵で途絶えていた国交を回復し、徳川将軍就任を祝う使節として朝鮮通《つう》信使《しんし》が往来した。

17世紀初め、薩摩《さつま》藩は琉球《りゅうきゅう》王国を武力で服属させ、琉球を介して中国（明や清）の産物を手に入れた。また、蝦夷ヶ島《えぞがしま》では松前藩がアイヌと交易していたが、その実態は不平等なものだった。

鎖国をしていた江戸幕府は海外事情に疎いというイメージがある。しかし、長崎に来航するオランダ船に「**オランダ風説書**」を提出させるなど、幕府は海外情勢について全くの無知というわけではなかった。

出島図
長崎港でオランダ商館が移された出島の様子。オランダ国旗が掲げられている。 長崎歴史文化博物館蔵

歴史の流れ

アジアやヨーロッパと朱印船貿易を行う
▼
キリスト教への警戒を強め禁教令を発布
▼
日本人の海外渡航や帰国が禁止される
▼
鎖国が完成 ポルトガル船の来航が禁止
▼
鎖国体制により泰平を実現 ただし世界情勢に疎くなり幕末に列強の後塵を拝する

4つの地域を通じて世界とつながっていた日本

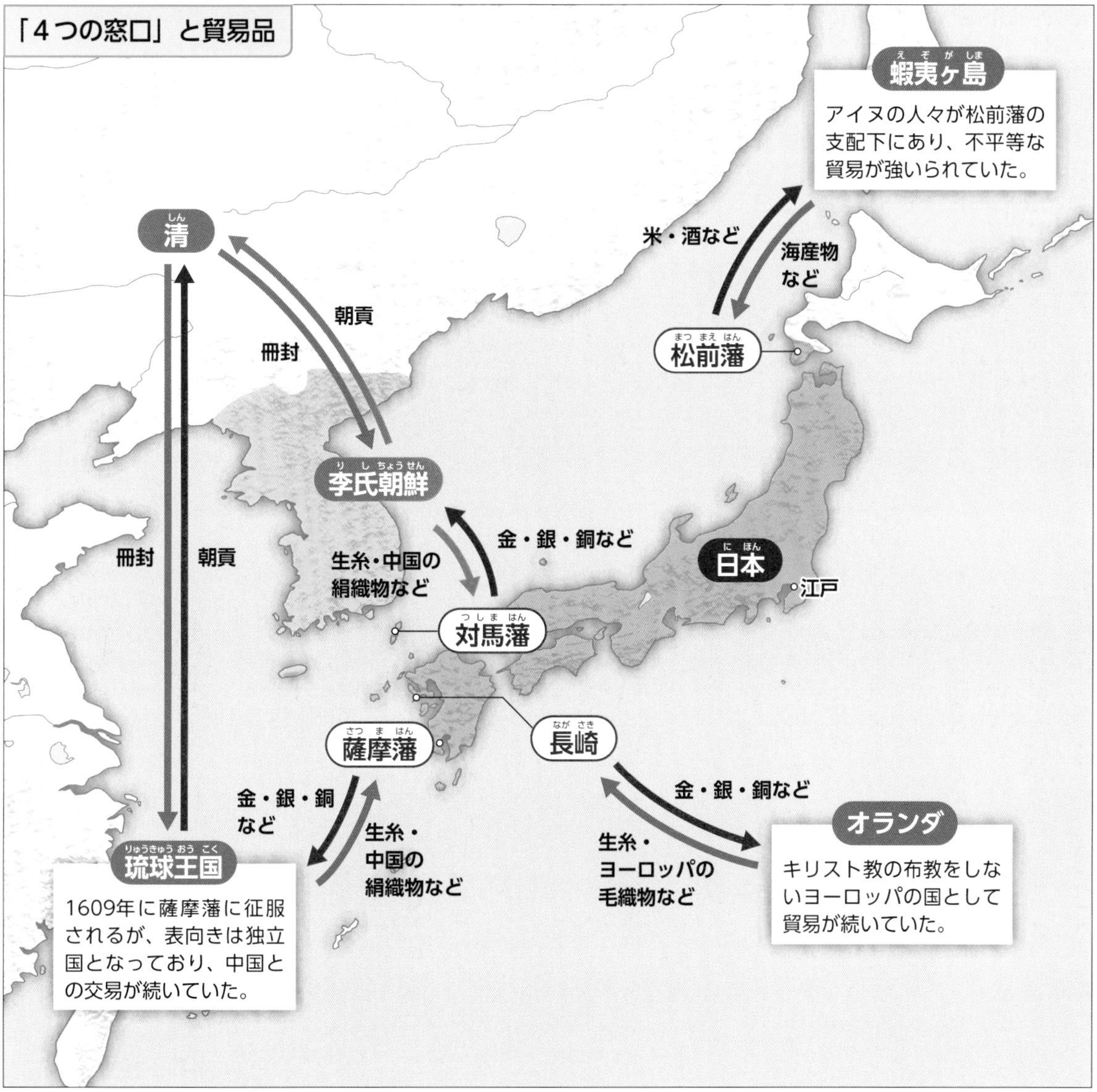
「4つの窓口」と貿易品
清《しん》
冊封
朝貢
李氏朝鮮《りしちょうせん》
冊封
朝貢
琉球王国《りゅうきゅうおうこく》
1609年に薩摩藩に征服されるが、表向きは独立国となっており、中国との交易が続いていた。
薩摩藩《さつまはん》
金・銀・銅など
生糸・中国の絹織物など
対馬藩《つしまはん》
金・銀・銅など
生糸・中国の絹織物など
長崎《ながさき》
金・銀・銅など
生糸・ヨーロッパの毛織物など
オランダ
キリスト教の布教をしないヨーロッパの国として貿易が続いていた。
日本《にほん》
江戸
松前藩《まつまえはん》
米・酒など
海産物など
蝦夷ヶ島《えぞがしま》
アイヌの人々が松前藩の支配下にあり、不平等な貿易が強いられていた。

その時世界は？

オランダ商館が出島に移った頃、イギリスでピューリタン革命が勃発

1641年
1642年

17世紀のイギリスでは、国王チャールズ1世の専制に対する反発が強まっていた。やがて、ピューリタン（プロテスタントの一派）を中心とする議会が国王と対立したことで、革命がはじまった。イギリスでは議会派と王党派の内乱となるが、オリバー・クロムウェルの活躍によって議会派が勝利し、国王は処刑される。クロムウェルの死後に王政は復活するが、やはり国王の専制から1688年に革命が起き、無血のうちに国王が交代した（名誉革命）。2つの市民革命を通じて、イギリスでは議会が国王に優越する立憲王制が確立した。

ピューリタン革命の指導者クロムウェル。
ナショナル・ポートレート・ギャラリー蔵

1685年

5代将軍・綱吉の治世で生類憐みの令が発布される

生類憐みの令は天下の悪法だったのか？

武断政治から文治政治へ時代の転換点となった治世

5代将軍・徳川綱吉《とくがわつなよし》が発した**生類憐《しょうるいあわれ》みの令《れい》**は、稀代の悪法として名高い。極端な動物愛護令であり、特に犬を大切にしたことから、綱吉は「犬公方《いぬくぼう》」とあだ名された。そのため綱吉は暗君というイメージが定着していたが、近年では「武断《ぶだん》政治から**文治《ぶんち》政治**への転換」という視点で再評価する動きがある。

その背景になったのは、大名の改易《かいえき》（領地の没収、家の取り潰し）である。関ヶ原《せきがはら》の戦いや大坂の陣の敗者が改易されたほか、お家騒動や**武家諸法度《ぶけしょはっと》**（大名を統制する法令）への違反などを理由に改易が行われた。江戸時代初期は幕府の基盤が不安定で、反抗の恐れがある大名が多く取り潰された。その数は、家康《いえやす》・秀忠《ひでただ》・家光《いえみつ》の3代で約200家にのぼる。

大名が改易されると、その家に仕えていた武士たちは職を失って牢人《ろうにん》となる。彼らは無頼漢と化したり、大坂の陣や島原の乱などで幕府を悩ませたりした。そうした牢人による社会の不安定化や「かぶき者」の取り締まりを背景に、幕府は力で威圧する武断政治を行っていた。

しかし4代将軍・家綱《いえつな》時代の1651年、兵学者の由井正雪《ゆいしょうせつ》が牢人の救済を掲げて反乱を起こそうとして摘発された（**慶安《けいあん》の変**）。衝撃を受けた幕府は大名の統制を緩め、文治政治へと転換していった。

綱吉は、そうした流れの中で5代将軍に就任した。1683年に武家諸法度を全面改定し、第1条を「文武忠孝《ぶんぶちゅうこう》を励し、礼儀を正すべき事」としたのは、綱吉の文治政治の理念を象徴している。

また、彼は儒学《じゅがく》を奨励し、湯島《ゆしま》の地に聖堂や学問所を整備した。生類憐みの令も、武断政治の時代から続く荒々しい気風を改め、弱者をいたわる儒教的道徳観を庶民に植え付けようとする意図があったと考えられる。近年の研究では、法令に捨て子の禁止・行き倒れ人の保護などが含まれていることや、犬の保護には野犬対策の意味もあったことなどが指摘されている。

一方で、綱吉は寺社の建立などの浪費も多かった。彼の代から幕府の財政難が深刻化し、8代将軍・吉宗《よしむね》による**享保《きょうほう》の改革**へとつながっていく。

湯島聖堂
綱吉が上野から湯島へ移築した孔子廟。移築に際し、規模が拡大された（東京都文京区）。

歴史の流れ

江戸幕府開府

▼

慶安の変
牢人たちの反乱未遂

▼

職を失った浪人たちがあふれ治安が悪化する

▼

4代・家綱、5代・綱吉の時代にかけて文治政治へ幕府政策が転換

▼

諸大名の抱えていた不満が解消
安定した政権の維持が可能となる

綱吉の時代に花開いた元禄文化

※元禄文化の説明は P64 へ

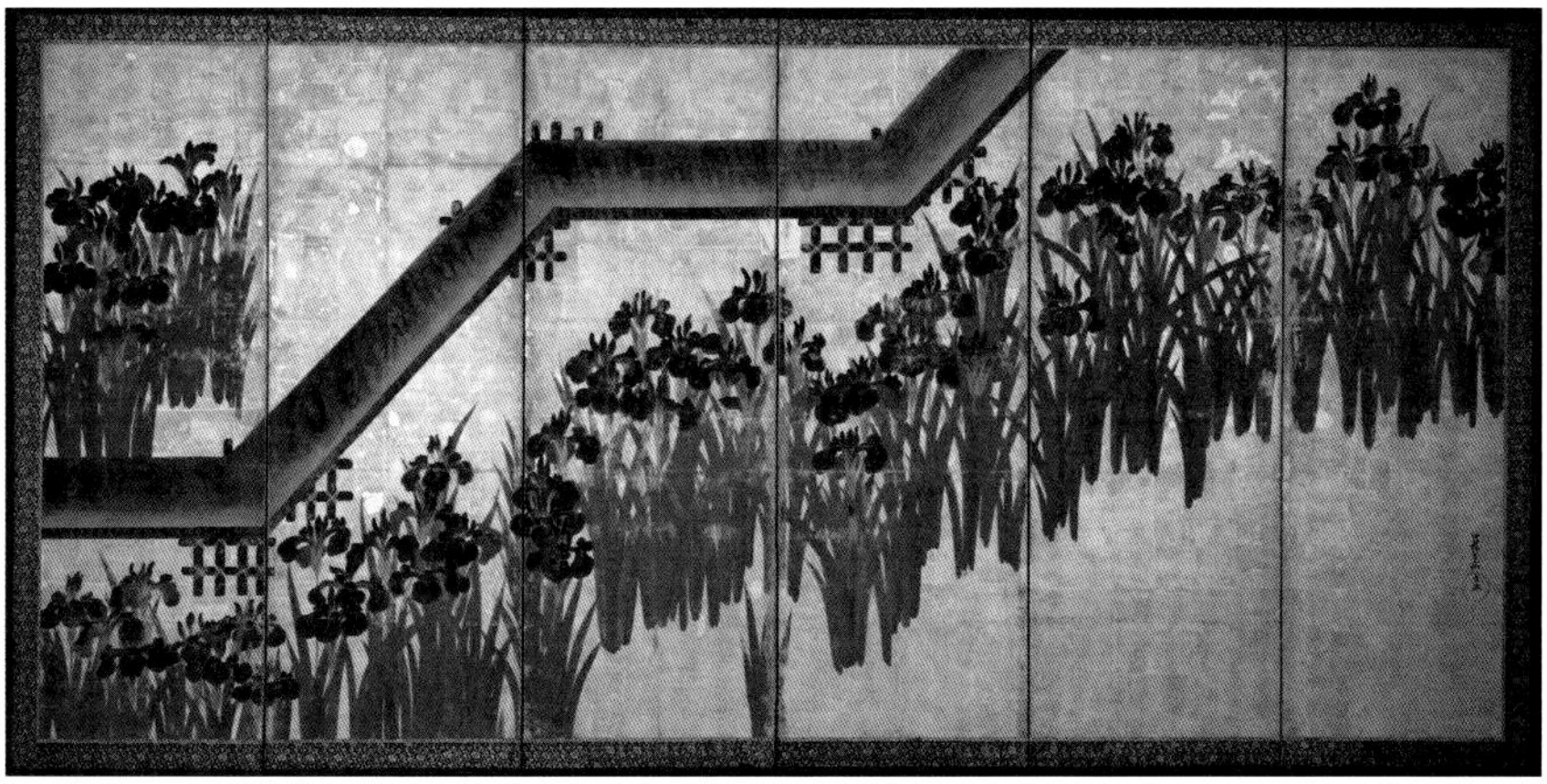

絵画

元禄文化は、上方を中心に発展。大和絵の伝統を受け継ぎ、装飾性に富んだ尾形光琳の画風は、のちに琳派という流派を生み出す。　「八橋図屏風」メトロポリタン美術館蔵

俳諧

『奥の細道』などを記した俳人・松尾芭蕉。俳諧を庶民詩へと発展させ、文学の1ジャンルとして確立させた。

天理大学附属天理図書館蔵

歌舞伎

常設の芝居小屋がつくられ、さまざまな演目が生まれた。身分や男女を問わず､楽しむことができる娯楽となった。

文学

「浮世草子」と呼ばれる、社会の風俗を描いた小説が人気を博す。井原西鶴の『好色一代男』はそのさきがけとなった。

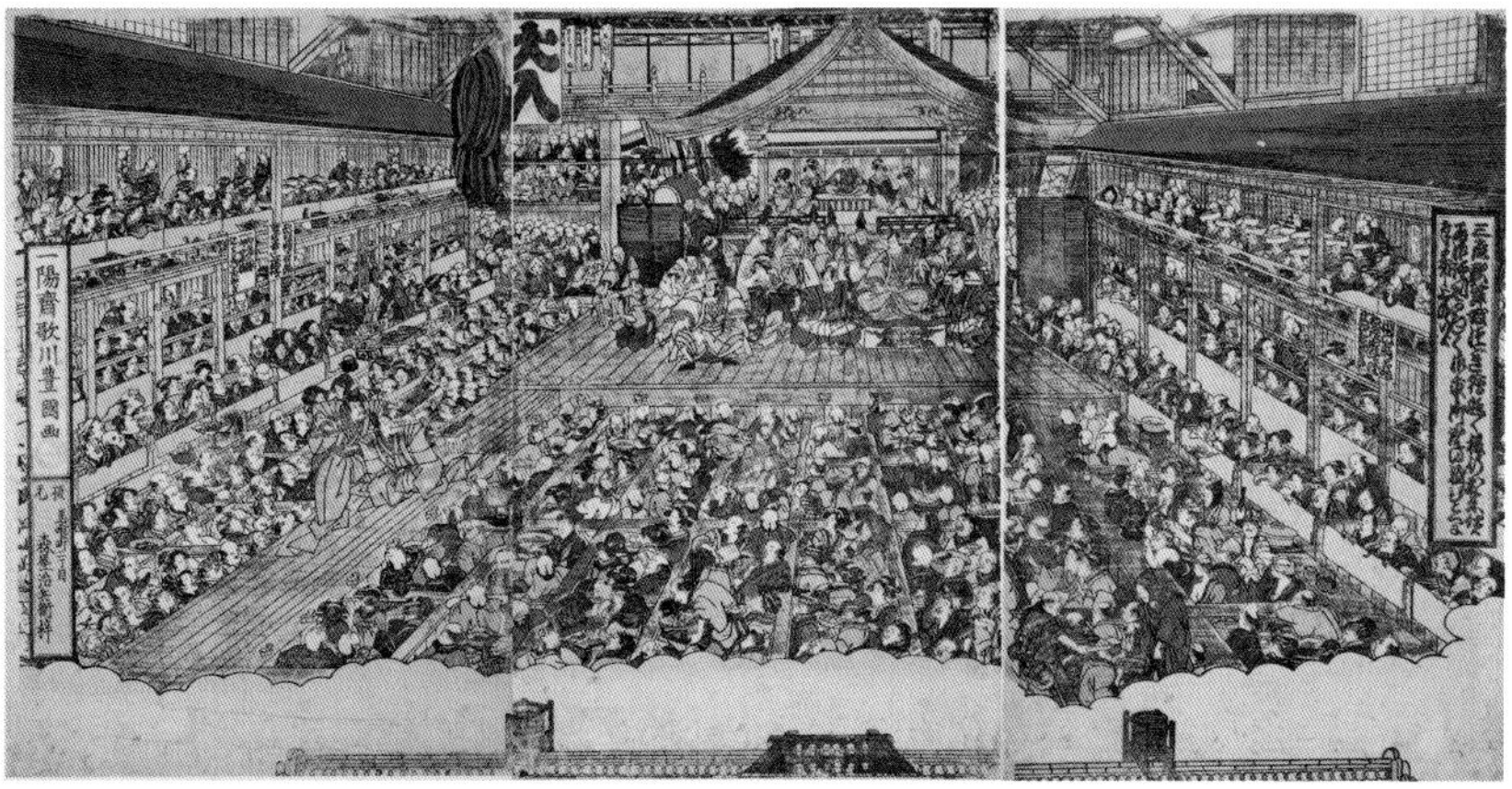

「中村座内外の図」

その時世界は？

生類憐みの令が出された頃、 1685年
ニュートンが『プリンキピア』を出版 1687年

ニュートンは、イギリスが生んだ大科学者である。ケンブリッジ大学に在学中の1665年頃、ロンドンでペストが大流行し、ニュートンは故郷で過ごすことになったが、その間に、万有引力・光のスペクトル・微積分法という3つの重要な発見を成し遂げた。なお、「リンゴが木から落ちるところを見て万有引力の着想を得た」という有名な逸話は後世の創作だという。1687年、ニュートンは代表作の『自然哲学の数学的原理（プリンキピア)』を出版した。これはニュートンの力学・天文学の研究の集大成であり、科学史上の古典である。

重力理論を完成させたアイザック・ニュートン。

17世紀後半〜19世紀後半　元禄文化・化政文化が花開く

江戸時代に大衆文化が花開いたのはなぜなのか？

200年以上にわたる泰平が数多の江戸文化を生み出す

江戸時代の日本は、200年以上にわたって平和な時代を謳歌した。17〜18世紀頃までは、西洋列強の脅威が東アジアまで到達しなかったこともある。

17世紀、世界の覇権はまずオランダとイギリスの間で争われた。3度にわたる**英蘭戦争**でオランダが敗退すると、覇権争いはイギリスとフランスの構図になった。17世紀後半から19世紀初頭まで続いた抗争はイギリスの勝利に終わるが、その植民地争奪の舞台は北米大陸とインドだった。東アジアには強大な清朝が君臨しており、西洋の脅威は薄かった。

泰平の世を迎えた日本では、豊かな文化が花開いた。17世紀末〜18世紀初頭には、商業の中心であった大坂のある畿内で町人の経済力が増した。上方《かみがた》（京都・大阪地方）の裕福な町人を中心とした文化を**元禄《げんろく》文化**という。大衆文学の浮世草子《うきよぞうし》を書いた井原西鶴《いはらさいかく》、人形浄瑠璃《じょうるり》の脚本で知られる近《ちか》松門左衛門《まつもんざえもん》、俳諧《はいかい》を芸術にまで高めた松尾《まつお》芭蕉《ばしょう》などが著名である。

また、江戸時代には地方も含めて**寺子屋《てらこや》**も発達した。寺子屋とは、僧侶などが師匠となり、庶民の子どもに読み書きや算盤《そろばん》を教える教育機関である。識字率の上昇は、庶民が文化の担い手となる素地となった。もっとも、江戸時代の識字率について正確なデータがあるわけではないので、しばしば見かける「江戸時代の日本の識字率は世界一だった」といった言説は疑わしい。

18世紀以降の江戸の発展とともに、文化の中心も江戸に移った。**貸本文化**が興隆し、十返舎一九《じっぺんしゃいっく》の『東海道中膝栗毛《とうかいどうちゅうひざくりげ》』などの滑稽本《こっけいぼん》が人気を博した。浮世絵師《うきよえし》の葛飾《かつしか》北斎《ほくさい》や歌川広重《うたがわひろしげ》が活躍したのもこの頃である。多色刷り版画である浮世絵は海外へと渡り、西洋の画家にも影響を与えた。

また、18世紀以降は新たな学問の潮流も出てきた。儒教《じゅきょう》や仏教《ぶっきょう》が入る以前の日本古来の精神を追究した国学《こくがく》は、本居宣長《もとおりのりなが》によって大成された。オランダを通じてもたらされた、西洋の進んだ自然科学を学ぶ蘭学《らんがく》も発展する。杉田玄白《すぎたげんぱく》・前野良沢《まえのりょうたく》らは、オランダの医学書『ターヘル・アナトミア』を苦心の末に翻訳し、1774年に『**解体新書《かいたいしんしょ》**』として出版した。

老松白鳳図

江戸時代の画家・伊藤若冲の作。狩野派や琳派の影響を受け、独自の画風を確立。日本を代表する芸術家として、国内外に知られる。　宮内庁三の丸尚蔵館蔵

歴史の流れ

泰平の時代になったことで商人や町人を中心に文化を楽しむ余裕が生まれる

▼

17世紀後半〜元禄文化

▼

庶民の生活や識字率が向上
旅や出版などの文化が広がる

▼

19世紀〜化政文化

▼

浮世絵、歌舞伎、俳句…
日本を象徴するカルチャーに

江戸後期の江戸庶民の生活は多彩なカルチャーで溢れていた

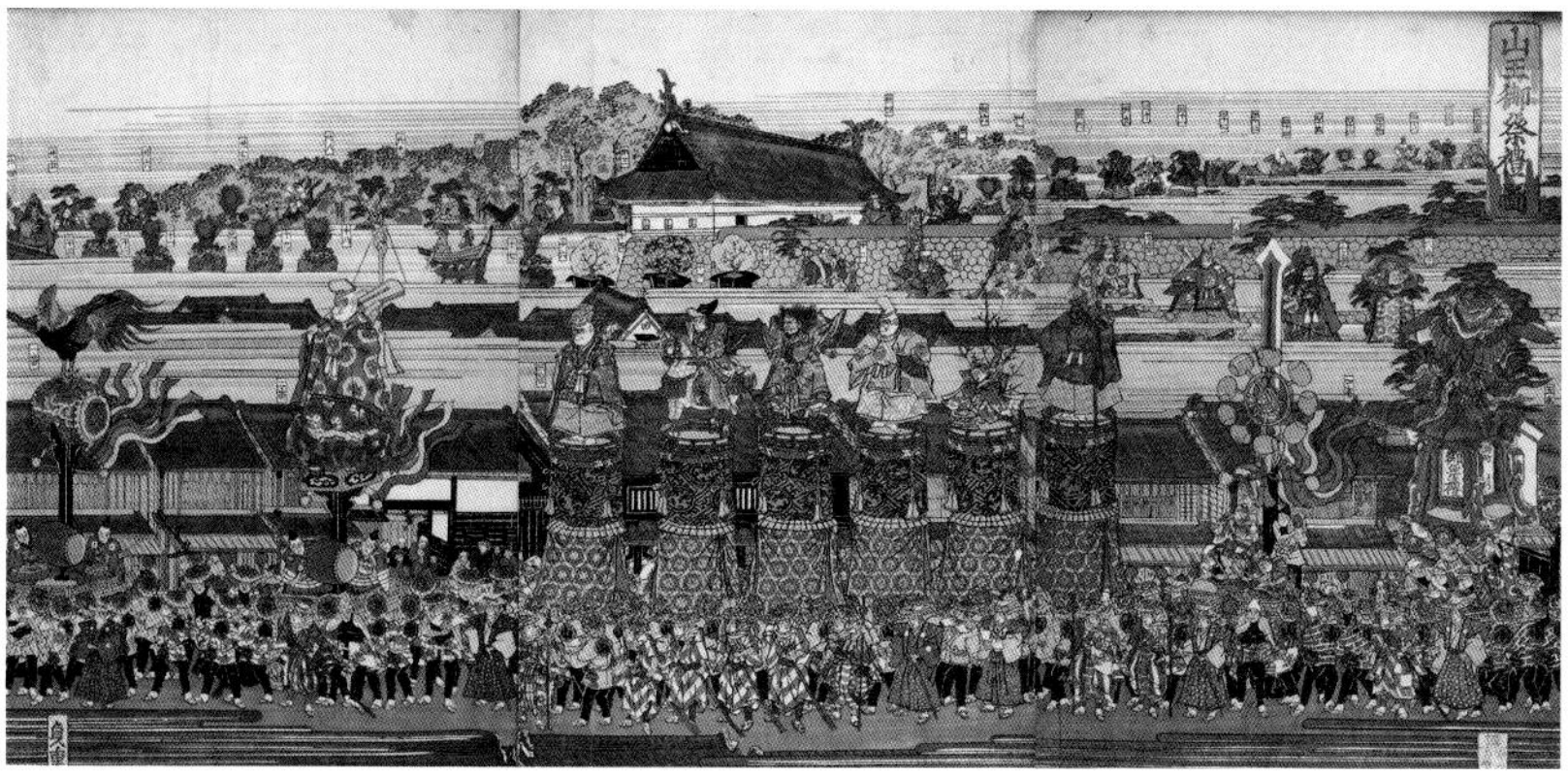

祭

江戸にはさまざまな祭があった。現在でも行われている山王祭と神田祭は、天下祭と呼ばれ、大勢の人々で賑わった。将軍が上覧することもあり、祭礼の行列は城内に入ることを許されていた。「山王御祭礼図」東京都立中央図書館特別文庫室蔵

出版

江戸の町には本屋があり、人々は人気作家の小説を楽しんでいた。なかでも蔦屋重三郎は、江戸の出版文化に大きな影響を与えた人物だ。山東京伝、十返舎一九、滝沢馬琴といった作家を育て、作品を出版・販売していた。

「画本東都遊」

寺子屋

寺子屋は子どもを対象に、教育の場として活用されていた。身分や男女に関係なく通うことができ、当時の教育水準を底支えしていたと考えられている。

旅

江戸中期以降、街道が整備されたことにより、庶民にも旅の文化が生まれた。各地の名所の風景画や、旅人の様子を描いた浮世絵がヒットするなど、人々を旅に誘った。「東海道五十三次 庄野」

「一掃百態図」田原市博物館蔵

その時世界は？

北斎が「富嶽三十六景《ふがくさんじゅうろっけい》」を描いた頃、アヘン戦争が始まる

1829年

1840年

18世紀末以降、ロシアやイギリスなどの外国船が通商を求めてたびたび日本近海に現れるようになった。幕府は1825年に異国船打払令《いこくせんうちはらいれい》を出して鎖国《さこく》を守ろうとするが、やがてアヘン戦争という衝撃的な知らせが入る。インドを植民地化したイギリスは、清《しん》に対する輸入超過を解消するため、インド産のアヘンを清に密輸出していた。清がアヘンを取り締まると、イギリスは開戦を決定。イギリスは軍事力で清を圧倒し、1842年に南京《なんきん》条約を締結させた。清が列強の進出に苦しむきっかけとなったと同時に、日本にも危機感を与えることになった。

アヘン戦争でイギリスの鋼鉄戦艦に吹き飛ばされる中国の帆船を描いた絵画。

1853年 ペリーが艦隊を率いて浦賀に来航し開国を迫る

ペリー来航は事前に幕府に通達されていたというのは本当か?

ロシアやイギリスの船が次々と日本近海に出没

日本の近海にロシア、イギリス、アメリカの船が盛んに出没するようになったのは、ペリー来航より半世紀も前の18世紀末のことだ。当時イギリスは、産業革命により必要となった綿花などの原料供給地や市場開拓のために、アジアへの進出を加速させており、ロシアは不凍港を求めて南下政策を推し進めていた。

これに対し幕府は、日本に最初に接近してきたロシアの通商要求を拒絶するとともに海岸線の警備を強化。1825年には、沿岸に近づいてきた外国船を撃退するように命じた**異国船打払令**《いこくせんうちはらいれい》を出した。

1840年、イギリスと清《しん》との間でアヘン戦争が勃発した。清が連戦連敗を重ねているという情報は、随時幕府にも入ってきた。衝撃を受けた幕府は、イギリスを始めとした欧米列強との突発的な軍事衝突を避けるために、異国船打払令を廃止。外国船が来港したときには、燃料や食料を与えることを命じた**天保の薪水給与令**《しんすいきゅうよれい》を発した。しかし鎖国《さこく》そのものは見直そうとはしなかった。オランダ国王が、国際情勢の変化を説いて開国を勧告する親書を幕府に送ったときも、幕府はこれを拒否した。

そんな中で今度は、太平洋での捕鯨《ほげい》活動を活発化させていたアメリカが、日本に通商を迫るようになってきた。1846年にはビッドルが通商を求めて浦賀《うらが》に来航するが、幕府は拒否。続いて1853年にはペリーが軍艦を率いて浦賀に来航。強硬に日本に開国を迫った。翌年、幕府はその威力に屈するかたちで**日米和親条約**《にちべいわしんじょうやく》を結んだ。

このペリー来航の情報は、事前にアメリカ政府からの依頼を受けて、オランダ商館長によって幕府に通告されていた。しかし幕府は現状の維持を図ろうとするだけで、具体的な対策を講じようとはしなかった。その結果の開国だった。

こうした幕府の姿勢は、その権威を失墜させるに十分だった。「幕府に任せていては、西欧列強の脅威に太刀打ちできない」という危機感を抱き、自ら軍備強化に着手する藩《はん》が現れ始めた。そして薩摩《さつま》藩や長州《ちょうしゅう》藩といったこれらの藩が、やがて**明治維**《めいじい》**新**《しん》を主導していくことになる。

歴史の流れ

西洋列強が植民地獲得のためアジアに進出

▼

ロシア、イギリス、アメリカなど続々と日本に接近

▼

幕府は開国を拒否するが方針を打ち出せず

▼

ペリー来航
日米和親条約締結

▼

幕府の権威は徐々に失墜
幕藩体制の崩壊が始まる

錦絵に描かれたペリー
見慣れない西洋人の面立ちは、赤鬼や天狗のようだと人々の間でうわさされた。 下田了仙寺蔵

列強の接近に対して後手にまわった幕府の対応

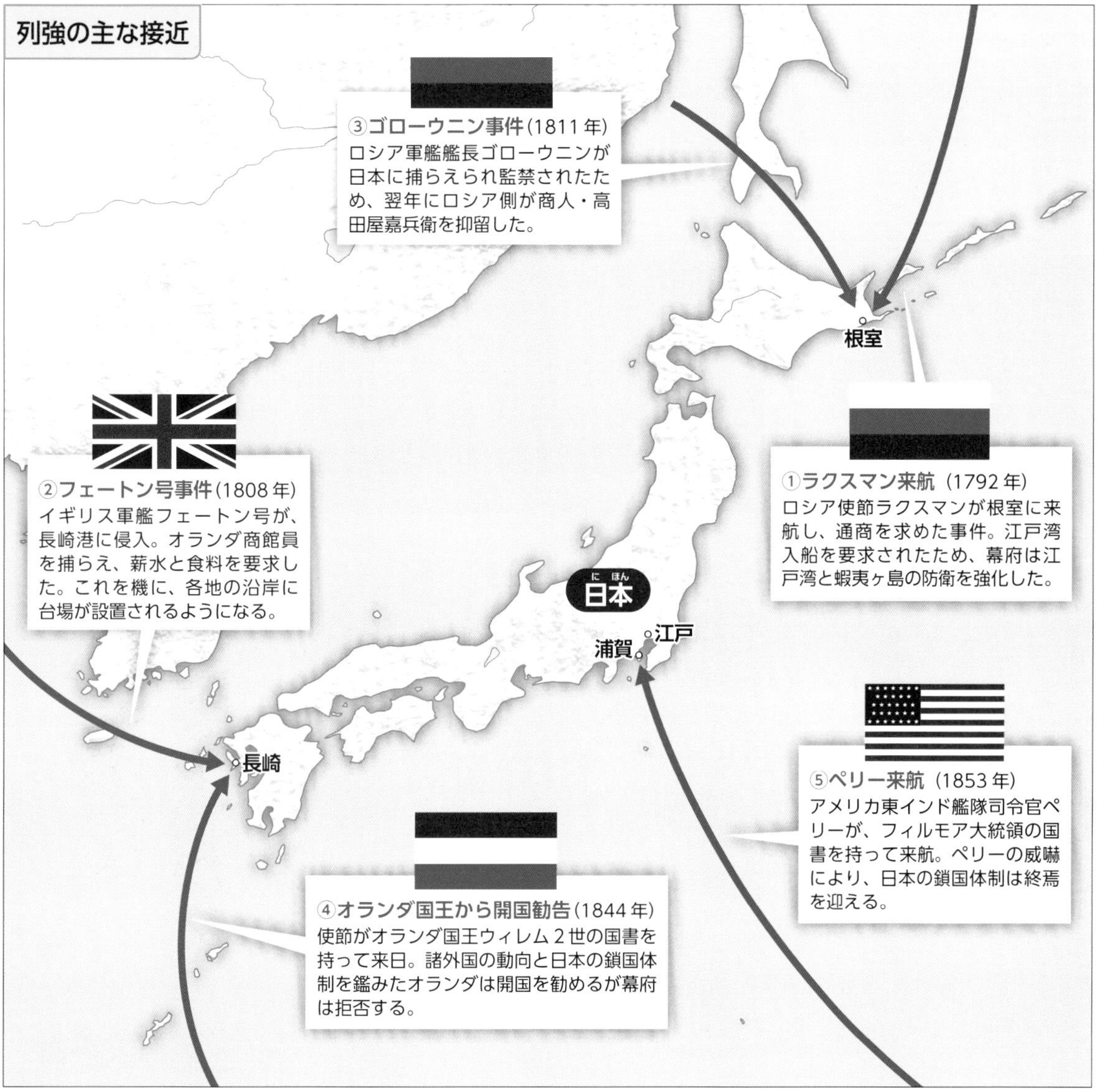
列強の主な接近
③ゴローウニン事件(1811年)
ロシア軍艦艦長ゴローウニンが日本に捕らえられ監禁されたため、翌年にロシア側が商人・高田屋嘉兵衛を抑留した。
根室
①ラクスマン来航（1792年）
ロシア使節ラクスマンが根室に来航し、通商を求めた事件。江戸湾入船を要求されたため、幕府は江戸湾と蝦夷ヶ島の防衛を強化した。
②フェートン号事件(1808年)
イギリス軍艦フェートン号が、長崎港に侵入。オランダ商館員を捕らえ、薪水と食料を要求した。これを機に、各地の沿岸に台場が設置されるようになる。
日《に》本《ほん》
江戸
浦賀
長崎
⑤ペリー来航（1853年）
アメリカ東インド艦隊司令官ペリーが、フィルモア大統領の国書を持って来航。ペリーの威嚇により、日本の鎖国体制は終焉を迎える。
④オランダ国王から開国勧告(1844年)
使節がオランダ国王ウィレム2世の国書を持って来日。諸外国の動向と日本の鎖国体制を鑑みたオランダは開国を勧めるが幕府は拒否する。

その時**世界**は？

黒船が来航した頃、クリミア戦争でロシアが敗れる

1853年
1856年

1853年、ロシアとオスマン帝国の間でクリミア戦争が勃発した。ロシアの目的は、海外進出を容易にするために、オスマン帝国の不凍港を手に入れることだった。この動きに警戒心を抱いたのがイギリスとフランスで、ともにオスマン帝国側に立って参戦。戦争は3年に及ぶ激戦となり、ロシアは敗北。戦争中は英露ともに、兵力や財力を戦線に注ぎ込まなくてはならず、東アジア政策が後回しになった。そんな中でアメリカは、英露の間隙をついてペリーを日本に派遣。他国に先駆けて、日本と国交を結ぶことに成功した。

クリミア半島で行われたクリミア戦争最大の戦い、セヴァストポリの戦いの様子。

1858年 井伊直弼による安政の大獄が始まる

攘夷論を掲げた諸藩はなぜ討幕に向かったのか？

開国によって物価が高騰 攘夷の声が高まる

日米和親条約《にちべいわしんじょうやく》を結ぶことに成功したアメリカは、次に通商《つうしょう》条約の締結を幕府に強く求めてきた。老中《ろうじゅう》の堀田正睦《ほったまさよし》は、朝廷から条約締結の勅許《ちょっきょ》を得るために自ら京都に赴いたが、要請は拒絶された。孝明《こうめい》天皇が外国を打ち払い通交を拒否せよという攘夷《じょうい》論者であったためといわれる。

すると直後に大老《たいろう》に就任した井伊直弼《いいなおすけ》は、勅許を得ないまま1858年に**日米《にちべい》修好通商条約《しゅうこうつうしょうじょうやく》**の締結を断行。次いでオランダ、ロシア、イギリス、フランスとも類似の条約を締結。その内容は領事裁判権（治外法権）を認め、関税自主権がないなど、明らかな不平等条約だった。

条約締結によって海外との貿易が始まると、日本は極端な輸出超過に陥り、国内では物価が高騰。経済は混乱に陥った。下級武士たちは、幕府が開国を受け入れたことにその原因があると考え、これが彼らを攘夷論に走らせる一因となった。また幕府の権威が揺らぐ中で、天皇の権威に重きを置く尊王《そんのう》論が浮上。攘夷論と結びつき、**尊王攘夷**を主張する者が増えていった。

公家や大名、その家臣の中にも、井伊が勅許を得ずに条約を締結したことを非難する者が多かった。1858年、井伊はこれら反対派を弾圧（**安政の大獄《たいごく》**）。だが逆に尊王攘夷派の反発を招き、旧水戸《みと》藩浪士らによって暗殺された（**桜田門外の変《さくらだもんがいのへん》**）。

長州《ちょうしゅう》藩では尊王攘夷派が実権を握り、朝廷への影響力を高めていた。しかし長州藩は1864年に起きた禁門《きんもん》の変において、幕府側についた薩摩《さつま》や会津《あいづ》などの諸藩との戦いに敗れ、京都を退くことになった。

さらに長州藩は、前年に外国船を砲撃したことへの報復としてイギリス、フランス、アメリカ、オランダによる連合艦隊から下《しも》関《せき》に攻撃を受け、完敗を喫した（**四国艦隊下関砲撃事件**）。すでに薩摩藩も1863年にイギリスと砲火を交え（**薩英《さつえい》戦争**）、西洋列強との圧倒的な軍事力の差を実感していた。

攘夷が非現実的であることを悟ったこれらの藩は、方針を転換。以降薩摩、長州、土佐《とさ》、肥前《ひぜん》等の有力諸藩は、討幕によって国を一つにまとめ、国難を乗り切る道を目指すことになる。

井伊直弼が暗殺された江戸城の桜田門
幕府の大老が暗殺された桜田門外の変を始め、尊王攘夷派のテロは各地で相次いだ。

歴史の流れ

日米和親条約締結
日米修好通商条約締結

▼

国内で幕府への反発が強まる
攘夷論・尊王論の流行

▼

攘夷決行
長州・薩摩が敗北を経験

▼

攘夷の実行は不可能
討幕論が強まっていく

▼

討幕運動を牽引した
長州・薩摩藩が
日本政府の地盤をつくる

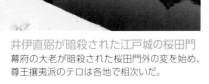

薩長を中心にした討幕勢力により江戸幕府は終焉を迎える

幕末における雄藩の動き

佐幕派（幕府を補佐する）勢力で藩主・松平容保が京都守護職となる。幕末には会津戦争を行い討幕派に敗れた。
会津藩《あいづはん》
佐幕派勢力だが尊王攘夷を掲げた。安政の大獄などを経て影響力を失っていった。
水戸藩《みとはん》
江戸
江戸幕府《えどばくふ》
江戸幕府崩壊後も、一部の旧幕臣が徳川家による政権維持を目指し、新政府と対立。
前藩主・松平春嶽を中心に幕政の改革を行う。幕府と朝廷の間に立ち尽力。
越前藩《えちぜんはん》
京都
鳥羽・伏見の戦い
尊王攘夷を掲げ若い藩士が活躍。明治維新後に新政府の中心となる。
長州藩《ちょうしゅうはん》
土佐藩《とさはん》
薩長同盟
肥前藩《ひぜんはん》
徳川家を排除しない体制を目指し、大政奉還を幕府に提言した。
薩摩藩《さつまはん》
当初から開国論を訴えていた。最新の兵器を用いて、戊辰戦争で活躍する。
もとは佐幕派だったが、薩長同盟を結び討幕運動を牽引する存在に。

その時世界は？

尊王攘夷の嵐が吹き荒れていた頃、アメリカでは南北戦争が起きる

1861年頃

1861年

日本が幕末の動乱期にあった1861年、アメリカでは南北戦争が勃発した。アメリカは北部では商工業が発達しており、工業製品を守るために保護貿易を志向していた。一方南部では黒人奴隷を用いたタバコや綿花の栽培を主産業としており、これら商品作物の輸出を促進するために自由貿易を志向。政策や奴隷制の存続をめぐり両者の溝は深まり、ついに内戦にまで至ったのだ。戦争は1865年まで続き、戦死者は60万人以上に達した。内戦終結後、不要になった大量の兵器が日本に輸出され、1868年の戊辰戦争での旧幕府軍と新政府軍との戦いに用いられることになった。

IN THIS TEMPLE
AS IN THE HEARTS OF THE PEOPLE
FOR WHOM HE SAVED THE UNION
THE MEMORY OF ABRAHAM LINCOLN
IS ENSHRINED FOREVER

南北戦争で北軍を指揮したリンカーン（アメリカ・ワシントンD.C.）。

1867年 王政復古の大号令が発せられる

明治新政府はどのような国家づくりを目指したのか？

慶喜の構想を砕き 薩長が実権を掌握する

薩長を中心とした討幕運動が激化する中で、15代将軍の徳川慶喜《とくがわよしのぶ》は1867年10月、朝廷に**大政奉還**《たいせいほうかん》を申し出た。慶喜の狙いは、政権をいったん朝廷に返したうえで、徳川を中心とした諸藩の連合政権を構築するというものだった。

一方討幕派は、新政権における慶喜の影響力を徹底的に排除しようとした。12月には**王政復古**《おうせいふっこ》**の大号令**《だいごうれい》を発し、天皇を中心とした新政府の樹立を宣言。ここに江戸幕府は滅亡した。しかし、反発した旧幕府側は新政府に戦いを挑み、年が明けた1868年1月、京都で鳥羽《とば》・伏見《ふしみ》の戦いが起こる。これをきっかけに、約1年続く**戊辰**《ぼしん》**戦争**が始まった。結果は旧幕府側の敗北に終わる。これにより新政府は、完全に実権を掌握した。

明治新政府が目指したのは、西欧列強に二度と脅かされないために、自らも欧米型の強力な中央集権国家を構築していくことだった。まずは**版籍奉還**《はんせきほうかん》によって、それまで藩に帰属していた土地と領民を朝廷に返還させた。さらには**廃藩置県**《はいはんちけん》によって、藩を廃して府県とし、府県は知藩事《ちはんじ》（藩主のこと）に代わり中央政府が派遣した府《ふ》知事・県令《けんれい》が地方行政にあたることになった。

1871年から73年にかけては、国家としての基盤も固まっていない中で、岩倉具視《いわくらともみ》や大久保利通《おおくぼとしみち》、木戸孝允《きどたかよし》（桂小五郎《かつらこごろう》）といった政権の中枢メンバーが、岩倉使節団として欧米に派遣された。その一番の目的は、幕府が欧米諸国と結んだ不平等条約の改正だった。交渉は不首尾に終わるものの、使節団は欧米諸国の政治体制や産業の発展状況をつぶさに見て、学習する機会を得た。

大久保や木戸が不在の間、西郷隆盛《さいごうたかもり》や板垣退助《いたがきたいすけ》らが留守政府を任された。使節団と留守政府の間では、使節団が帰国するまでは留守政府は重要な政策決定は行わないという誓約が交わされたが、実際には留守政府は、租税を米による物納から金納に改めた**地租改正**《ちそかいせい》や**徴兵令**《ちょうへいれい》の発布など、次々と改革を実行に移した。地租改正は新政府の財政を安定させるうえで、また徴兵令は近代的な軍隊を整えるうえでの基盤となった。さらには産業の振興にも力を注いだ。

岩倉使節団

左から木戸、山口尚芳、岩倉、伊藤博文、大久保。彼らを含めた100名以上が岩倉使節団として渡米。その後、欧州諸国を歴訪した。 山口県文書館蔵

歴史の流れ

王政復古の大号令
江戸幕府滅亡・新政府樹立

▼

戊辰戦争
旧幕府軍が敗北

▼

文明開化によって
欧州文化が日本に流れ込む

▼

列強に追いつくために
富国強兵を掲げ改革を行う

▼

中央集権国家の基礎がつくられ近代国家への一歩を踏み出す

江戸から明治へ――近代化を推し進めた日本

地方自治

江戸：各藩の大名が領地を統治していた

▼

明治：新政府に任命された府知事・県令が赴任

廃藩置県により、藩はすべて廃止となり、府と県に置き換わった。中央から府知事・県令が派遣されることで、国内の政治的統一がなされる。

身分制度

江戸：武士と農工商民の身分に分かれていた

▼

明治：武士間の主従関係を解消させ農工商民は平民となった

藩主・公家は華族、武士は士族、農工商の身分の人々は平民となった。この「四民平等」により、平民は結婚、移住、職業などの自由を得た。

学校制度

江戸：藩校や寺子屋はあったが義務ではなかった

▼

明治：男女・貧富に関係なく全ての国民に教育がなされる

1871年に文部省が設置される。翌年、国民皆学を目指し、フランスの学校制度にならった学制が公布された。

土地制度

江戸：米の収穫高によって税額が年ごとに変動した

▼

明治：土地の価値によって税額が決まるようになった

1873年に地租改正条例を公布。物納から金納に改め、税率を地価の3％とした。このことにより財政の安定化を図った。

その時世界は？

日本で明治新政府が樹立した頃、ビスマルクによるドイツ統一が実現

1867年 1871年

19世紀半ばまで、ドイツは各地で諸侯が地方政権を形成する領邦国家だった。国家としてひとつにまとまっていないことが、国力を高めていくうえで障害になっていた。そんな中でドイツ東部のプロイセンの首相だったビスマルクは1867年、北ドイツの22連邦をまとめあげ、北ドイツ連邦の結成に成功。さらに1870年にフランスとの間で起きたプロイセン＝フランス戦争では、南ドイツ諸邦もプロイセン側として参戦し、この戦争に勝利する。これを契機に1871年1月にドイツ統一が実現。以後ドイツは新興国として急成長を遂げた。

ドイツ帝国成立とともに帝国初代宰相となったビスマルク。

1889年 大日本帝国憲法が発布される

なぜ、大日本帝国憲法はドイツ国憲法に範をとったのか？

武力による反乱から言論を用いた政府批判へ

明治新政府のさまざまな改革は、士族《しぞく》（元武士）の特権を奪うものであり、彼らの不満は大いに高まった。留守政府《るすせいふ》はこの不満をそらすために朝鮮侵略の征韓論《せいかんろん》を打ち出すが、欧米視察から帰国した大久保利通《おおくぼとしみち》らに否決されてしまう。征韓論をめぐる政府内の対立は激化し、1874年、ついに西郷隆盛《さいごうたかもり》や板垣退助《いたがきたいすけ》らが政府を辞職するという事態に発展する（明治六年の政変）。

征韓派の1人だった江藤新平《えとうしんぺい》は、不平士族に担がれて蜂起するが敗北（佐賀の乱）。西郷隆盛も、鹿児島の士族とともに反乱を起こすが鎮圧された（**西南戦争《せいなんせんそう》**）。

士族たちは、武力では国を動かせないことを悟り、以後は豪農商層《ごうのうしょう》も巻き込んで、言論で政府を批判し、国のあり方を説く**自由民権運動《じゆうみんけん》**が盛んになっていった。彼らは、薩長《さっちょう》出身者で独占された藩閥《はんばつ》政治を批判し、国民から選ばれた議員によって政治を行うために国会の早期開設を求めた。

政府もまた欧米型の近代国家足りうるために、憲法を制定したうえで議会制度を導入することの必要性は認識していた。ただし国家の基盤を固めつつ、徐々に立憲制に移行していくという方針だった。

自由民権運動の中でも、板垣退助らはフランス流の**自由主義**を唱えた。一方政府内では、大隈重信《おおくましげのぶ》がイギリス流の**議院内閣制**を主張して、伊藤博文《いとうひろぶみ》らと対立。大隈は罷免された（明治十四年の政変）。

伊藤たちにとって、フランス流やイギリス流の憲法や議会制度は、国家制度を不安定にする急進的なものに映った。そこで憲法制定にあたって政府がモデルとしたのは、君主権の強いドイツなどの憲法だった。

1889年、天皇が制定して国民に授ける欽定《きんてい》憲法の形で、**大日本帝国憲法**が発布された。天皇は全統治権《とうちけん》を握る総攬者《そうらん》とされ、宣戦や講和、条約の締結などについては、議会は関与できない、天皇の大権《たいけん》とされた。また、陸海軍の**統帥権《とうすいけん》**（最高指揮権）も天皇にあった。

一方、天皇が大権を行使する際は、国務大臣が「天皇を輔弼《ほひつ》（助言）し、責任を負う」（第55条）など、その権限は絶対的ではなく、**立憲君主主義的**な（君主権が憲法に制限される）性格も併せ持っていた。

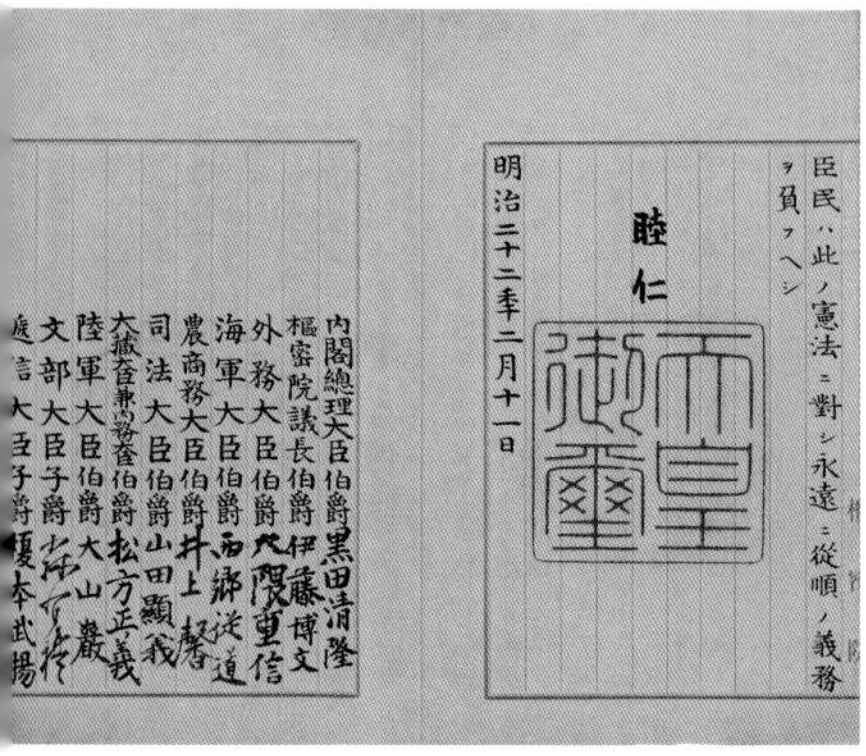

大日本帝国憲法の御署名原本
右ページに明治天皇の御名御璽（署名と公印）が、左に閣僚や枢密院議長らの署名がある。
国立公文書館蔵

歴史の流れ

四民平等によって士族（武士）が特権を失う
▼
士族の武力反乱
敗北し自由民権運動へ移行
▼
政府は急進的な自由化を警戒
天皇主権の憲法を目指す
▼
大日本帝国憲法の制定
君主権が強いドイツ憲法に学ぶ
▼
立憲君主主義が確立
天皇が強い権限を持つ

『憲法発布式之図』
大日本帝国憲法発布の式典の様子。壇上の人物が明治天皇で、天皇から憲法を授かろうとしているのは、首相の黒田清隆。 東京都立中央図書館特別文庫室蔵

大日本帝国憲法下では天皇が政治の中心とされた

憲法内機関
憲法外機関

天皇

元老《げんろう》・重臣《じゅうしん》（後任首相の推奏《すいそう》など）

内大臣《ないだいじん》（天皇の補佐・文書事務など）

宮内大臣《くないだいじん》（皇室事務・財産管理など）

参謀本部《さんぼうほんぶ》（陸軍）・軍令部《ぐんれいぶ》（海軍）
内閣や議会から独立し、天皇が統帥権《とうすいけん》（最高指揮権）を持つ。

枢密院《すうみついん》
天皇の最高諮問《しもん》機関。条約や勅令《ちょくれい》など、重要な国事を審議する。

裁判所 司法
天皇から司法権を委任され、裁判を行った。行政訴訟は行政裁判所が担当。

内閣 行政
天皇の統治権を助ける。総理大臣が首席だが、他の大臣の罷免《ひめん》権はなかった。

帝国議会 予算・立法
二院制で、貴族院（皇族・華族・勅任）と衆議院（公選）から成り、天皇の立法権行使を助ける。

その時世界は？

日本で大日本帝国が発布された頃、アメリカでは西部開拓が完了した

1889年　1890年代

建国時には東部13州だったアメリカは、国土を広げるために西部開拓を進めていった。西部開拓は1890年に完了し、アメリカはフロンティア（未開拓地）の消滅を宣言した。次にアメリカが目を向けたのはカリブ海地域だった。1901年に大統領に就任したセオドア・ルーズベルトは、武力を背景とした「棍棒外交」を展開。1903年には強引にパナマをコロンビアから独立させたうえで、パナマ運河の建設を推し進めた。1914年の運河完成後は、そこから得られる利益を独占するなど、アメリカはカリブ海地域において思うままに振る舞った。

カリブ海におけるアメリカの棍棒外交の風刺画。

1904年 ロシアとの間で日露戦争が勃発

日露戦争での日本の勝利が世界に与えた衝撃とは？

日清戦争に勝利するも三国干渉で遼東半島を返還

日本は、1894年にイギリスとの間で領事裁判権の廃止が盛り込まれた**日英通商航海条約**の締結に成功。イギリスはロシアがアジアに進出し、アジアにおける自国の権益が脅かされることを警戒しており、これを防ぐために日本に接近したのだった。以後、イギリスに倣《なら》って、他の国々も次々と日本との間で条約改正を行った。ただし関税自主権の回復は1911年まで待たなくてはならなかった。

東郷平八郎像と戦艦三笠
日露戦争時の連合艦隊旗艦・三笠は、横須賀に現存しおり、付近にはロシア艦隊を破った艦隊司令長官東郷平八郎の像が立つ（神奈川県横須賀市）。

一方、日本もロシアの南下を警戒。その脅威から自国を守るため、朝鮮半島を影響下に置こうとした。そのため朝鮮の宗主国であった中国の清国と対立。1894年に日清戦争が勃発する。戦いは日本の勝利に終わり、翌年に結ばれた**下関《しものせき》条約**で、日本は遼東《リャオトン》半島などを獲得することが決定。だが、ロシアがこれに対してドイツとフランスを誘って干渉。日本に遼東半島の返還を認めさせた（**三国干渉《かんしょう》**）。そのため日本では、ロシアに対する悪感情が高まった。

1902年、日本はイギリスと**日英同盟**を締結。ロシアに対抗するための後ろ盾を得たうえで、1904年2月、ロシアの基地だった旅順を攻撃。こうして**日露戦争**が始まった。戦争は長期化し、日本は多数の兵士を失い、物資も欠乏した。だが、ロシアも革命運動の活発化により、戦争継続が困難になったため、日本は辛うじて勝利を得ることができた。アメリカの仲介によって講和条約締結にこぎ着け（**ポーツマス条約**）、日本は朝鮮から国号を改めた韓国に対する指導・監督権、清国からの旅順・大連の租借権、南満州鉄道の経営権などを認められた。しかし国民は賠償金が取れなかったことに不満を募らせ、**日比谷焼打ち事件**などの暴動が起きた。

日本がヨーロッパの大国であるロシアに勝利したことは、西欧社会を驚かせるとともに、列強の支配に苦しむアジアの人々を歓喜させた。インドでは、イギリスからの独立運動が活発化。またオスマン帝国（トルコ）では、列強に侵食され続ける国の状況を変えることを目指して、青年将校による青年トルコ革命が起きた。

歴史の流れ

下関条約で清国から得た領土を三国干渉（露が主導）で失う
▼
国民的な反露感情の高まりと満州・韓国の権益を巡る対立
▼
日露戦争が勃発
日本が辛うじて勝利する
▼
露はアジア進出を断念
欧州のバルカン半島を狙う
▼
バルカンを巡り露・独が対立
第一次世界大戦の遠因に

日露戦争は列強の代理戦争という側面もあった

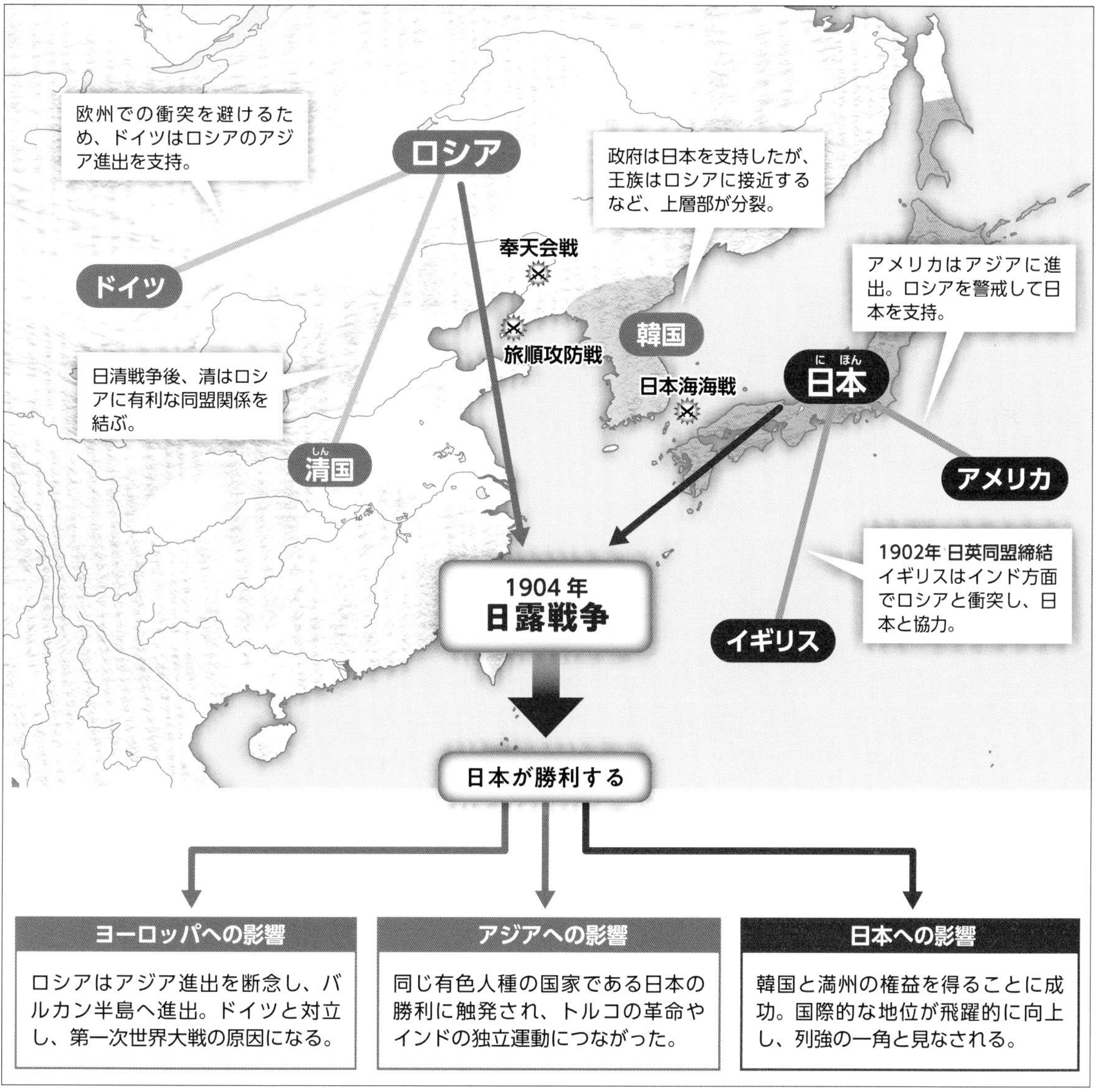
欧州での衝突を避けるため、ドイツはロシアのアジア進出を支持。
ロシア
ドイツ
政府は日本を支持したが、王族はロシアに接近するなど、上層部が分裂。
奉天会戦
旅順攻防戦
韓国
日本海海戦
アメリカはアジアに進出。ロシアを警戒して日本を支持。
日本《にほん》
日清戦争後、清はロシアに有利な同盟関係を結ぶ。
清《しん》国
アメリカ
1902年 日英同盟締結
イギリスはインド方面でロシアと衝突し、日本と協力。
イギリス
1904年
日露戦争

日本が勝利する

ヨーロッパへの影響	アジアへの影響	日本への影響
ロシアはアジア進出を断念し、バルカン半島へ進出。ドイツと対立し、第一次世界大戦の原因になる。	同じ有色人種の国家である日本の勝利に触発され、トルコの革命やインドの独立運動につながった。	韓国と満州の権益を得ることに成功。国際的な地位が飛躍的に向上し、列強の一角と見なされる。

その時世界は？

日本が日露戦争に勝利した頃、アインシュタインが特殊相対性理論を発表 1905年

現代物理学の父と呼ばれるアルバート・アインシュタインにとって、1905年は「奇跡の年」となった。20世紀の物理学の発展を語るうえで欠かせない「特殊相対性理論」「光量子仮説」「ブラウン運動」という3つの理論を次々と発表したからである。このときアインシュタインはまだ20代で、スイスの特許庁の一職員だった。彼は「特殊相対性理論」の論文で博士号を取ろうとしたが、当時のアカデミズムからは理解を得られず却下された。そこで代わりに「ブラウン運動」に関する論文を提出し、ようやく受理されたというエピソードが残っている。

アインシュタイン。1922年には、日本を訪問している。

1921年 ワシントン会議が開催される

なぜ、日本は第一次世界大戦後、協調外交を選択したのか？

戦勝国になったが国際的な孤立が進んだ

1914年、**第一次世界大戦**が勃発すると、日本はイギリスと同盟（日英同盟）を結んでいることを理由に、連合国（三国協商）側として参戦する。そして、同盟国（三国同盟）の一角であるドイツに宣戦布告し、同国の支配下にあった中国の青島《チンタオ》や、太平洋のドイツ領・南洋諸島を占領した。また、中国に対して、山東《さんとう》省のドイツ権益の継承などを求めた**二十一カ条の要求**を行い、大部分を認めさせている。こうして、列強が欧州戦線に兵力を集中させている隙《すき》に、日本はアジアで大幅に勢力を拡大した。

一方この頃、国内では、藩閥政治を批判し、政党政治の実現を求める**大正デモクラシー**運動が活発になっていた。そして1918年9月、藩閥でも華族でもない立《りっ》憲政友会《けんせいゆうかい》総裁の原敬《はらたかし》が首相に就任。「平民宰相」と呼ばれた原は、陸軍・海軍・外務大臣以外の閣僚を立憲政友会会員で構成した、初の本格的**政党内閣**を組閣している。

原内閣が成立して約1カ月半後の1918年11月、第一次世界大戦が終結。日本は戦勝国として、翌1919年から翌年にかけて開催された、**パリ講和会議**に参加する。しかし、その会議にて、アメリカから山東省の旧ドイツ権益継承を強く非難されたうえ、中国からも条約の調印を拒否されるなど、諸外国と外交的に衝突。戦勝国でありながら、国際的な孤立が進行していることが浮き彫りになった。

この孤立状態から脱却するため、日本は協調外交を選択することになる。1921年から始まったワシントン会議では、**九カ国条約**において中国の領土と主権の尊重および、中国に関わる各国の門戸開放と機会均等を守ることが約束された。また、日本は山東省の権益を放棄することも決まった。さらに翌年に調印された**ワシントン海軍軍縮条約**では、各国の主力艦の保有比率を米英が5、日本が3、仏伊が1・67とすることで合意した。

原敬は1921年に暗殺されたが、その後継内閣である高橋是清《たかはしこれきよ》内閣や加藤友三郎《かとうともさぶろう》内閣なども、協調外交路線を受け継いだ。しかし、昭和に入った頃から、その外交政策は軌道修正に追われるようになる。

“平民宰相”原敬
[1856-1921] 新聞記者から官界に入り、外務次官まで務めた後、政治家に。「平民宰相」の異名は、爵位を持たなかったことによる。

歴史の流れ

日清・日露戦争に勝利し
日本が列強の仲間入りを果たす

▼

第一次世界大戦後に
独のアジア権益を継承

▼

列強に警戒され孤立
日本は国際協調に転換

▼

ワシントン体制
日本含む列強が軍縮で一致

▼

**アジア・太平洋地域が
一時的に安定する**

第一次世界大戦を経て国際協調・軍縮時代が到来

主な国際条約と軍縮会議

会議・条約名		参加国	条約・会議の主な合意内容
ヴェルサイユ体制 ※ヨーロッパの国際秩序	**ヴェルサイユ条約**（1919）	27カ国（ドイツと連合国）	第一次世界大戦の講和条約。国際連盟が発足。
	ロカルノ条約（1925）	英・仏・独・伊など7カ国	欧州の安全保障条約。独の国際連盟加盟を承認。
ワシントン体制 ※アジア・太平洋の国際秩序	**四カ国条約**（1921）	英・米・日・仏の4カ国	太平洋の各国領土を尊重。日英同盟を終了。
	九カ国条約（1922）	英・米・日・仏・伊・蘭・葡・中・ベルギーの9カ国	中国の領土と主権の尊重、門戸開放などで同意。
	ワシントン海軍軍縮条約（1922）	英・米・日・仏・伊の5カ国	主力艦（戦艦・巡洋戦艦）と航空母艦の保有量を制限。
集団安全保障・国際協調主義	**ジュネーヴ海軍軍縮会議**（1927）	英・米・日の3カ国	英米の対立により、艦艇の保有量制限の合意に至らず。
	不戦条約（1928）	英・米・日・仏・独など15カ国（のちに63カ国）	戦争放棄をうたったが、実効性に乏しかった。
	ロンドン海軍軍縮条約（1930）	英・米・日・仏・伊の5カ国	英・米・日が補助艦（巡洋艦・駆逐艦）の保有量を制限。

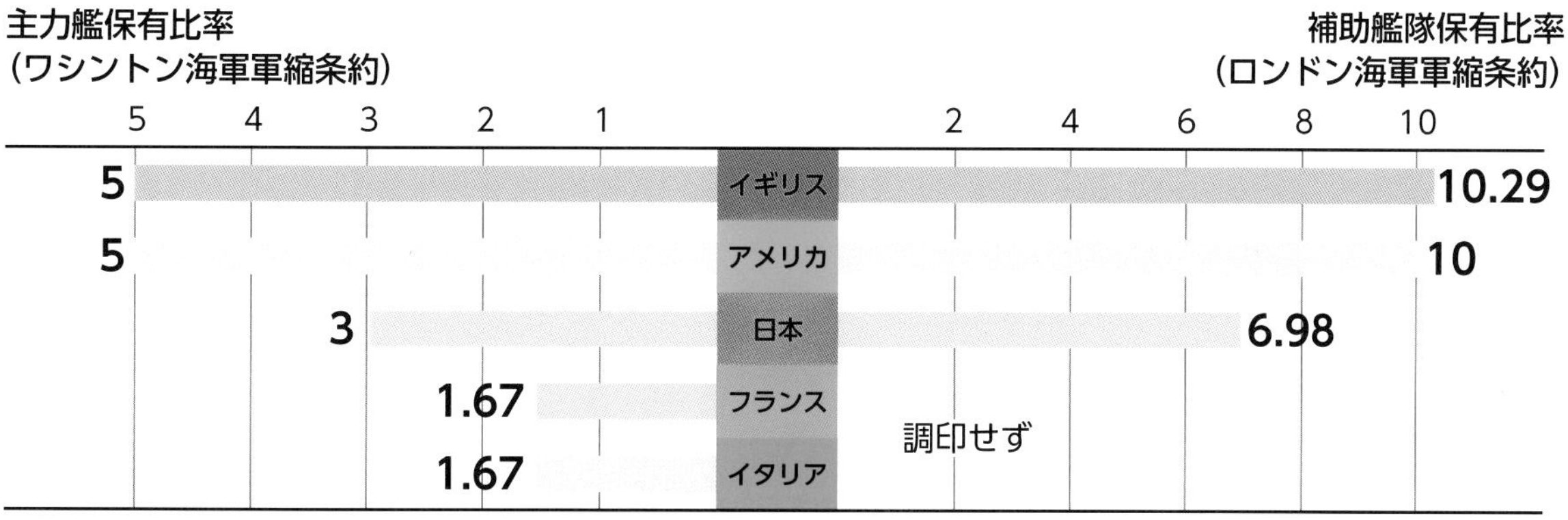
主力艦保有比率
（ワシントン海軍軍縮条約）
補助艦隊保有比率
（ロンドン海軍軍縮条約）
5 4 3 2 1
2 4 6 8 10
イギリス 5 10.29
アメリカ 5 10
日本 3 6.98
フランス 1.67
イタリア 1.67
調印せず

その時世界は？

日本が第一次世界大戦を戦っていた頃、（1914~18年）ロシアで社会主義革命が起きる（1917年）

ロシアは第一次世界大戦ではドイツに宣戦布告し、日本と同じく連合国側として参戦したが、敗北が重なり、国民の生活は困窮した。1917年3月、首都ペトログラードで市民の反戦デモが発生すると、やがて兵士たちも合流し、革命に発展。ニコライ2世は退位に追い込まれた（ロシア二月革命）。ブルジョア（有産階級）主導の臨時政府が成立するが、労働者を代表するボリシェヴィキ（のちのロシア共産党）と対立し、同年11月にボリシェヴィキが武力によって臨時政府を打倒（ロシア十月革命）。ここに世界で初めての社会主義政権が誕生した。

演説するボリシェヴィキの指導者レーニンは、ソヴィエト連邦の最高指導者となる。

1925年 東京、大阪、名古屋でラジオ放送が始まる

メディアの発展と都市化が生んだ 大正時代のライフスタイル

郊外の住宅に住み 通勤電車で都心に通う

第一次世界大戦は、日本経済が成長する大きな契機となった。日本の製造業には、英仏露の連合国から軍需《ぐんじゅ》品の注文が相次いだからである。またヨーロッパからの工業製品の輸入が途絶えたために、国内での受注も急増。造船業や鉄鋼業、化学工業、繊維業などの産業が大きく伸張した。

産業が発展し、民間企業が増えたことで、東京や大阪の都市部では鉄筋コンクリート造りのオフィスビルが建ち並び始める。また、そこで働くサラリーマンも増加し、彼らは**新中間層**と呼ばれた。

都心部の郊外には新中間層向けの文化住宅が建設され、都心と郊外を結ぶために私鉄が次々と開通。私鉄各社は、関東では渋谷、関西では梅田といったターミナル駅に**百貨店**を開業し、商業も活発化させていった。関東では、１９２３年に**関東大震災**が発生し、下町が大きな被害を受けたこともあって、人々が郊外に移り住む動きは、さらに加速していくことになる。

一方この時期には、小学校の就学率が９７%を超えたこともあり、ほとんどの国民が文字を読めるようになっていた。これによって発展したのが**新聞**や**出版**である。発行部数が１００万部を超える新聞が出現し、大衆娯楽雑誌の『キング』の発行部数が１００万部以上に達した。１９２５年には東京、大阪、名古屋で**ラジオ放送**も始まった。

しかし、何といってもこの時代、娯楽の王様は**映画**だった。海外作品のみならず、国産映画の制作も活発になり、多くの人々が映画館に足を運んだ。当初は無声映画だったが、１９３０年代以降は有声映画が主流となっていった。

また、スポーツを娯楽として楽しむ動きもこの頃に現れた。特に人気だったのは、東京六大学野球や甲子園球場（１９２４年開場）で開催された全国中等学校優勝野球大会だった。球場に駆けつけられなかった人々は、ラジオの野球中継を通じて選手たちの一投一打に胸を躍らせた。

今につながる都市の風景や人々のライフスタイルの原型が、この時期にできあがったといえる。

紙幣を燃やす"成金"
大戦景気の成金を描いた、有名な風刺画。モデルは山本唯三郎という実業家で、朝鮮半島で虎狩りをするなど、多くの逸話が残る。　灸まん美術館蔵

歴史の流れ

大戦景気による産業の発展
新中間層（会社員）が増加
▼
新中間層は郊外に移住
都市・郊外間の交通が発達
▼
消費・娯楽施設の増加
マスメディアも発展
▼
都市文化・大衆文化の開花
▼
現在に通じる
社会・家庭生活の登場

大正時代に大衆の暮らしは大きな変化を遂げた

ラジオを聴く子どもたち

日本のラジオ放送は、1925年に東京・大阪・名古屋で始まった。翌年には3つの放送局を統合し、日本放送協会（NHK）が設立された。

日本ラジオ博物館蔵

地下鉄の開通

大正時代に、東京駅と中央郵便局を結ぶ郵送用と、仙台～東七番丁間の旅客用地下鉄が開通。なお、以前は昭和2年の上野～浅草間の開通を、初の地下鉄開業としていた。

近代百貨店の誕生

明治末～大正時代にかけて、多くの百貨店（デパート）が開店する。梅田の阪急百貨店（写真）のように、都市部と郊外を結ぶターミナル駅の集客力を利用したデパートも生まれた。

帝国劇場の設立

丸の内に建てられた日本初の純洋式劇場。関東大震災（1923）で焼失するが、翌年には再建される。現在の建物は戦後のもの。

その時世界は？

日本で大正文化が花開いていた頃、アメリカは「狂騒の20年代」を迎える

1920年代
1920年代

第一次世界大戦中、日本と同様に自国が戦場になることを免れたアメリカは、連合国に大量の物資を輸出。これにより債務国から債権国へと転換を遂げた。そして「狂騒の20年代」と呼ばれる未曾有の好景気に突入する。世界経済の中心は、ロンドンからニューヨークに移行。また世界で最初に大量生産・大量消費文化が確立され、家庭では家電製品や自家用車が普及した。しかし黄金時代は1929年10月、ニューヨーク証券取引所の大暴落によって突如幕を閉じる。深刻な不況はアメリカ国内のみならず、世界恐慌として世界中に波及した。

1926年頃のニューヨーク・ブロードウェイのパレード。

1932年 五・一五事件が起き、犬養毅首相が殺害される

なぜ、政党政治は崩壊し軍部の暴走が始まったのか？

有効な対策が打てないまま不況が長期化した

1924年に加藤高明《かとうたかあき》内閣が成立すると、以後8年間、憲政会《けんせいかい》（のちに立憲民政《りっけんみんせい》党《とう》）と立憲政友会《りっけんせいゆうかい》が交互に内閣を組織する政党内閣時代が続いた。だが政党政治は十全に機能していたとは言い難かった。

この時期日本は慢性的な不況が続いていたが、政府は有効な対策を講じることができずにいた。そして1930年、前年にアメリカで発生した**世界恐慌**が日本にも波及。折しも日本は金輸出解禁を行ったばかりであり、輸出が減少して輸入が超過する中で、大量の正貨が海外に流出し、経済はますます混迷状態に陥った。

そんな中でも、二大政党は、互いの失政を攻撃し合うばかりで、なんら有効な対策を打てなかった。1930年の**ロンドン海軍軍縮会議**で、政府が軍縮条約に調印すると、野党の立憲政友会は統帥権（天皇の最高指揮権）の干犯《かんぱん》であるとしてこれを批判。条約の調印を進めた浜口雄幸《はまぐちおさち》首相は、右翼青年に狙撃され、のちに死亡した。

陸海軍の青年将校たちは、日本が閉塞状態に陥っているのは、財閥《ざいばつ》が私利私欲を追求し、政党が無能であるからだと考えた。彼らは協調外交を軟弱《なんじゃく》外交であると批判。そして軍部の暴走とテロの時代が始まる。

1931年、陸軍の在中国部隊の関東軍《かんとうぐん》は、政府の許可を得ずに独断で軍事行動を起こし、満州を占領（**満州事変**）。翌年には、日本の傀儡《かいらい》国家である**満州国**を建国した。国際連盟は満州国を認めなかったため、日本は国際連盟からの脱退を宣言した。

また1932年5月には、海軍青年将校が首相官邸で犬養毅《いぬかいつよし》首相を殺害するという事件が起きた（**五・一五事件**）。後継首相に選ばれたのは、海軍大将の斎藤実《さいとうまこと》だった。ここに8年間続いた政党内閣は、終焉のときを迎えた。

さらに1936年には、陸軍青年将校たちが軍部政権樹立を目指して首相官邸などを襲い、斎藤実内大臣や高橋是清蔵相を殺害。国会を含む国政の中枢を4日間にわたって占拠する事件が起きた（**二・二六事件**）。このクーデターは鎮圧されたものの、もはや軍部の暴走を誰も止めることができなくなっていた。

暗殺された2人の政治家
五・一五事件の犠牲者、犬養毅（中央右）と、二・二六事件で殺害された高橋是清（中央左）。

歴史の流れ

大戦後の不況が日本経済を直撃する
▼
二大政党は政争を続け有効な経済政策を打てず
▼
状況の打開を求め国民は軍部に期待
▼
軍部の暴走
五・一五事件、二・二六事件
▼
軍は中国で戦線を拡大太平洋戦争へと突き進む

日本の大陸進出の激化が日中戦争を引き起こした

日中全面戦争へ至る道のり

1905年9月	ポーツマス条約	日露戦争の構和で満州権益を承認される。
1906年11月	南満州鉄道設立	警備部隊として関東軍の前身を創立。
1910年8月	韓国併合	統治機関として朝鮮総督府を設置。
1928年6月	張作霖爆殺事件	関東軍が軍閥の指導者を殺害。
1931年9月	柳条湖事件	関東軍が鉄道を爆破し、中国の攻撃と偽装。

1931年9月
満州事変
関東軍が満州を武力占領

1932年1月	第一次上海事変	大規模な武力衝突。海軍も出動。
1932年3月	満州国建国	関東軍の独断。日本政府も追認。
1937年7月	盧溝橋事件	北京郊外での武力衝突。全面戦争に。

1937年7月～45年8月
日中戦争

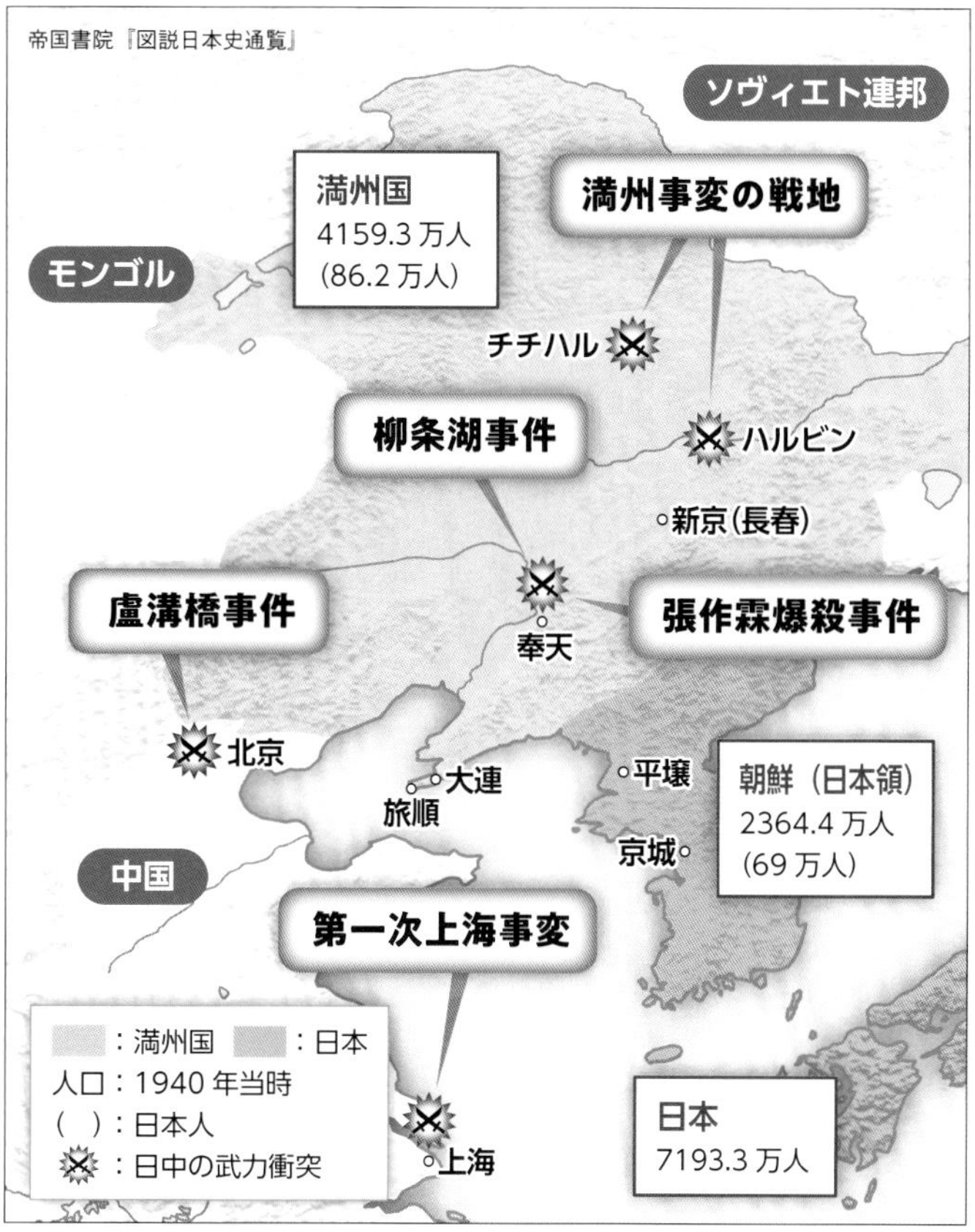

帝国書院『図説日本史通覧』
ソヴィエト連邦
満州国
4159.3万人
(86.2万人)
満州事変の戦地
モンゴル
チチハル
柳条湖事件
ハルビン
新京(長春)
盧溝橋事件
奉天
張作霖爆殺事件
北京
大連
旅順
平壌
朝鮮（日本領）
2364.4万人
(69万人)
京城
中国
第一次上海事変
：満州国 ：日本
人口：1940年当時
( )：日本人
：日中の武力衝突
上海
日本
7193.3万人

満州国への移民者総計

移民者の多くは、恐慌によって困窮した農村部の人々だった。

帝国書院『図説日本史通覧』

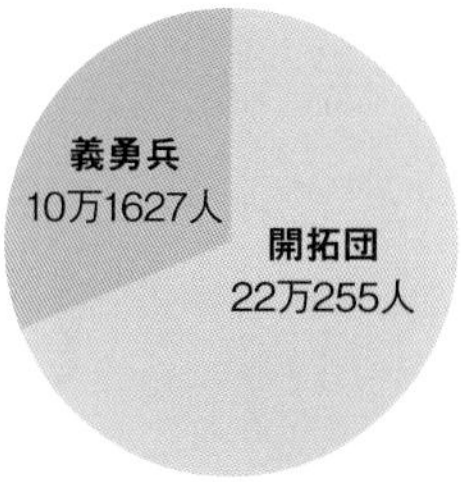

義勇兵
10万1627人
開拓団
22万255人

満州国の民族構成（1937年）

日・漢・満・蒙・朝鮮の「五族共和」が満州国のスローガンだった。

日立デジタル平凡社『百科で見る20世紀』

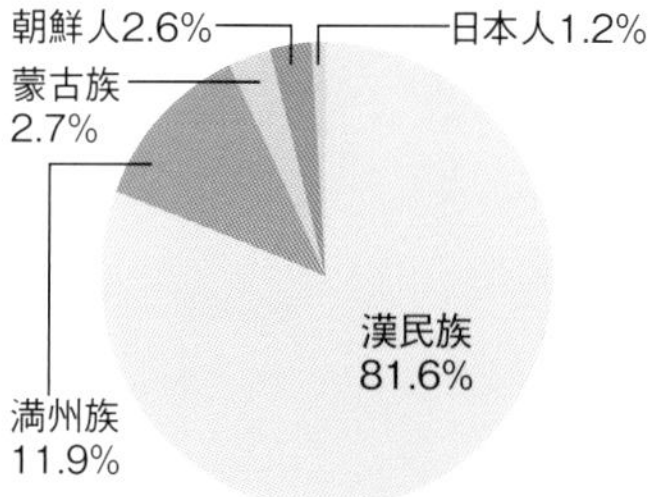

朝鮮人2.6%
日本人1.2%
蒙古族
2.7%
漢民族
81.6%
満州族
11.9%

その時世界は？

日本が世界恐慌の波及に苦しんでいた頃、英仏米ではブロック経済圏の構築が進んだ 1930年代

世界恐慌の発生後、イギリスやフランス、アメリカは、旧植民地などの自国の影響下にあり、同じ通貨を持つ国々でブロック経済圏を作ることで、これを乗り切ろうとした。同じ経済圏内では関税を下げて貿易を促進するとともに、圏外に対しては高関税を課すことで、需要が外部に流出しないようにしたのだ。しかしドイツやイタリア、日本は広大な植民地を持っていなかったため、経済圏の構築が不可能だった。そのため3国は局面打開を軍事行動に頼るしかなく、第二次世界大戦を招く要因の一つになった。

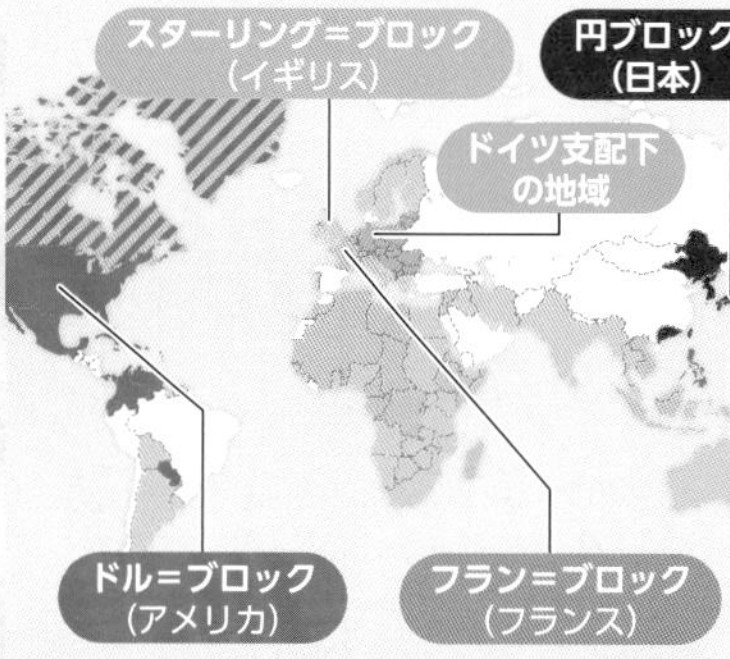

スターリング＝ブロック
（イギリス）
円ブロック
（日本）
ドイツ支配下
の地域
ドル＝ブロック
（アメリカ）
フラン＝ブロック
（フランス）

1930年代の、各通貨ごとのブロック経済圏。

１９４１年　日本が米英に宣戦布告する

なぜ、日本は国力差を顧みず太平洋戦争に臨んだのか？

仏印への進出により アメリカとの溝が深まる

１９３７年７月、北京郊外の盧溝橋《ろこうきょう》で日中両軍が衝突する事態が起きた。当初、日本政府は領土を広げない不拡大方針を表明したが、軍が強く反対したためにこれを撤回。翌８月には上海でも軍事衝突が起こり（第二次上海事変）、両国は全面的な戦争状態に突入した。**日中戦争**の始まりである。

日本軍は中国の国民政府の首都南京を占領したが、国民政府は重慶《じゅうけい》に首都を移し、敵対していた共産党とも提携しながら抗戦を継続。戦いは膠着《こうちゃく》状態に陥った。

１９４０年、事態を打開するために日本軍が選択したのは、仏印《ふついん》（フランス領インドシナ）北部への進出だった。米英ソが行っている中国への物資の支援ルートを絶つことと、戦争継続に必要な東南アジアの豊富な資源を確保することが狙いだった。

アメリカは、日本のこうした行動に態度を硬化。航空機用ガソリンやくず鉄の対日輸出禁止を決定し、さらに１９４１年には在米日本資産の凍結や石油の対日輸出禁止にも踏み切った。日本はアメリカに石油の多くを依存していたため、これは大打撃だった。アメリカは制裁解除の条件として、中国・仏印からの無条件全面撤退などを求めたため、交渉は決裂。12月8日、日本は米英に宣戦布告した（**太平洋戦争**）。

当時日本とアメリカとでは、国民総生産で約12倍という圧倒的な国力差があった。そんなアメリカを相手に、日本はいわば場当たり的な対応の末に勝算のない戦争を始めることになった。

日本は緒戦こそ戦局を優位に進めたが、開戦から半年後のミッドウェー海戦で敗北を喫し、以後は劣勢に回った。１９４４年にサイパン島が陥落すると、米軍はこの島を拠点に大型爆撃機を日本に飛び立たせ、空襲が激化した。１９４５年３月の**東京大空襲**では約10万人が犠牲に。４月からの**沖縄戦**では軍民合わせて18万人が亡くなった末に、沖縄は米軍に占領された。

そして、８月６日には広島に、９日には長崎に原子爆弾が落とされた。日本は**ポツダム宣言**を受諾し、無条件降伏することを決定。戦争は日本の敗北で終わった。

開戦時の首相・東条英機
[1884-1948] 第40代内閣総理大臣。米側の強硬姿勢を受けて日米開戦を決定する。戦後、A級戦犯として処刑された。

歴史の流れ

日本が資源を求め、欧米の植民地である南方に進出 米英中蘭など連合国が警戒

▼

ABCD包囲陣
4カ国の対日経済制裁

▼

日本は追い詰められ 米英との戦争を決意

▼

太平洋戦争
米の国力に圧倒される

▼

日本は無条件降伏し 連合国に占領される

追い詰められた日本は対米開戦を選んだ

日米開戦直前のアジア情勢（1941）

ABCD包囲陣に参加した4カ国は、いずれも豊富な鉱物資源を持っていた（国名の下に表記）。なお、イギリスとオランダの資源は植民地から得たものである。

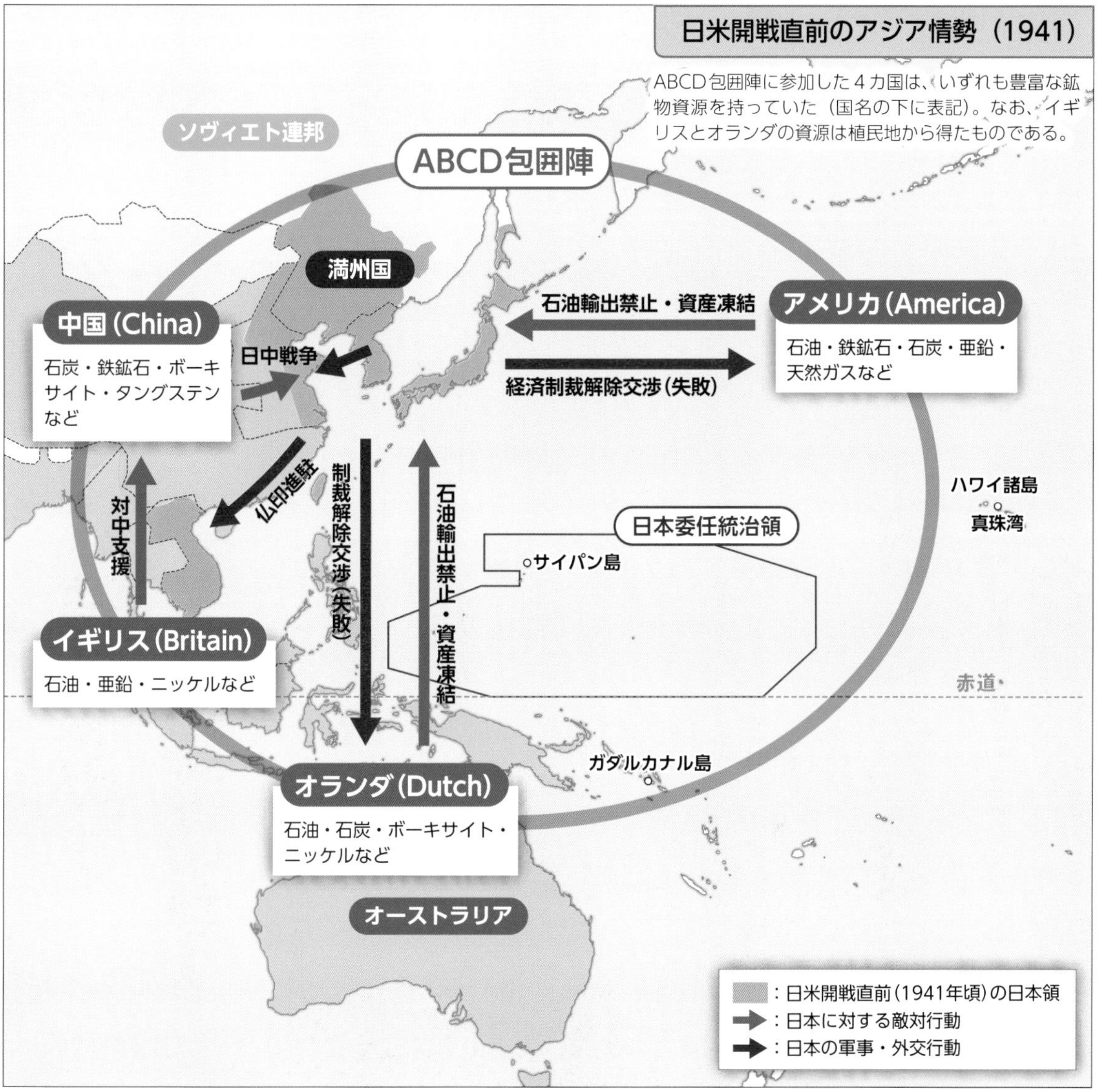
ソヴィエト連邦
ABCD包囲陣
満州国
中国（China）
石炭・鉄鉱石・ボーキサイト・タングステンなど
日中戦争
仏印進駐
対中支援
イギリス（Britain）
石油・亜鉛・ニッケルなど
制裁解除交渉（失敗）
石油輸出禁止・資産凍結
石油輸出禁止・資産凍結
経済制裁解除交渉（失敗）
アメリカ（America）
石油・鉄鉱石・石炭・亜鉛・天然ガスなど
ハワイ諸島
真珠湾
日本委任統治領
サイパン島
赤道
ガダルカナル島
オランダ（Dutch）
石油・石炭・ボーキサイト・ニッケルなど
オーストラリア
：日米開戦直前（1941年頃）の日本領
：日本に対する敵対行動
：日本の軍事・外交行動

その時世界は？

日本が米英に宣戦布告した頃、ヨーロッパでは独ソ戦が激化していた

1941年
1941〜43年

1939年9月、ポーランドに侵攻したドイツに対し、イギリスとフランスが宣戦布告したことで、第二次世界大戦が始まった。当初ドイツは破竹の勢いで、翌年6月にはフランスを降伏させる。そして1941年には、独ソ不可侵条約を破棄してソ連に宣戦布告した。独ソ戦の転換点となったのは、スターリングラード（現・ヴォルゴグラード）を巡る攻防戦だった。ドイツ軍はこの都市を完全に包囲するが、ソ連軍の粘り強い反撃を受け、1943年2月に敗北する。以後ドイツは劣勢に回り、1945年5月に敗戦を迎えることになる。

ドイツの独裁者・ヒトラー（中央）。日独伊三国同盟締結時の様子。

1951年 サンフランシスコ平和条約を締結

アメリカは東西冷戦で日本にどんな役割を求めたのか？

再び脅威にならないように 非軍事化と民主化を推進

1945年、降伏文書に署名した日本は、米・英・ソ連などから成る、連合国の占領下に置かれることになる。ただし内実はアメリカの単独占領だった。

占領初期の**GHQ**（連合国軍最高司令官総司令部）の方針は、日本が再びアメリカや東アジア地域の脅威とならないように、非軍事化と民主化を推し進めるというものだった。非軍事化政策としては、軍隊の解体や、戦争指導者に対してその責任を問う**極東国際軍事裁判**《きょくとうこくさいぐんじさいばん》（東京裁判）が行われた。また政界や財界などの各界の指導者約21万人を公職追放にした。

一方民主化政策としては、財閥解体や農地改革、労働三法の制定等の労働者の権利の確立、教育改革などが矢継ぎ早に行われた。そして1947年には主権在民・平和主義・基本的人権の尊重の3原則からなる日本国憲法が施行された。

だがアメリカは1948年頃から、日本の非軍事化政策を転換させることになる。当時世界では、米ソを中心とした**東西冷戦**が激化していた。当初アメリカは中国を東アジアの反ソ陣営拠点にすることを目指していたが、中国では国民党と共産党の内戦が起き、共産党の優位が明らかになっていた。そこで共産勢力拡大の防波堤を日本に切り替えることにしたのだ。アメリカは日本に対して、賠償の軽減や公職追放の解除、財閥解体の緩和などの政策を進めた。さらに1950年に北朝鮮と韓国の間で**朝鮮戦争**が勃発すると、韓国軍の支援のために多くの在日米軍兵士が朝鮮半島に送り込まれることになった。これにより日本国内の警備が手薄になったため、GHQは日本政府に警察予備隊《けいさつよびたい》の創設を命じた。これがのちの**自衛隊**となる。

1951年、日本は連合国48カ国と**サンフランシスコ平和条約**を締結し、占領状態を脱し、独立を回復。ただし調印を行った国々の中にソ連などの東側諸国は含まれておらず、西側諸国のみとの片面講和となった。またこのとき、米軍が日本に駐留することを認めた**日米安全保障**《にちべいあんぜんほしょう》**条約**も締結された。こうして日本は、西側陣営に組み込まれていくことになった。

戦後政治の立役者・吉田茂
［1878-1967］首相としてサンフランシスコ平和条約と日米安保に調印。日本の親米・軽武装・経済重視路線を決定した。

歴史の流れ

米ソの対立が深まり冷戦が始まる
▼
アジアで共産主義が伸張
▼
共産主義の防波堤にすべく日本の独立・再武装を推進
▼
サンフランシスコ平和条約 日本が国際社会に復帰する
▼
アジアの冷戦の最前線で米の基地の役割を果たす

不安定な東アジア情勢が米に日本の独立を急がせた

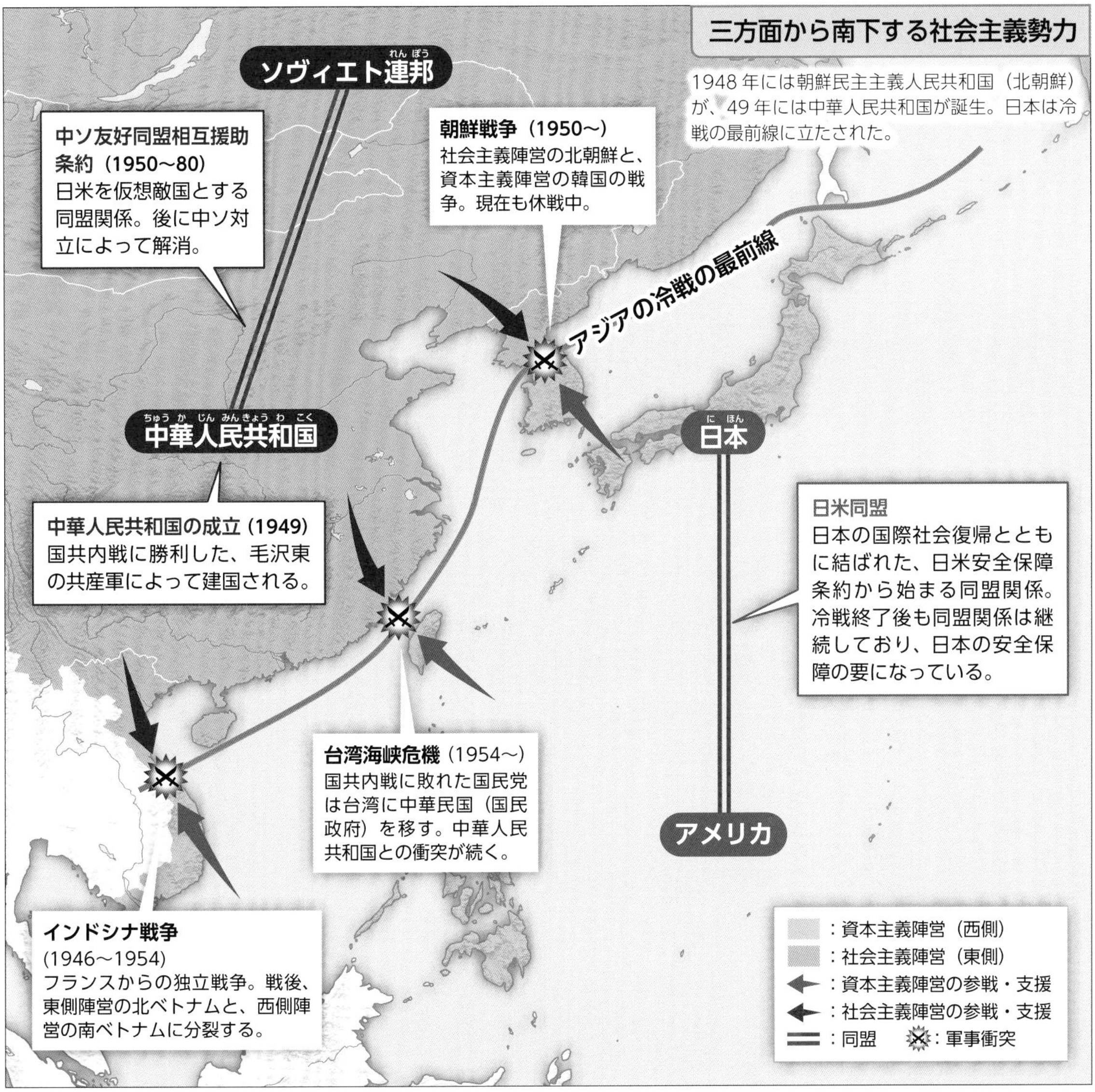
三方面から南下する社会主義勢力
1948 年には朝鮮民主主義人民共和国（北朝鮮）が、49 年には中華人民共和国が誕生。日本は冷戦の最前線に立たされた。
ソヴィエト連邦《れんぽう》
中ソ友好同盟相互援助条約（1950〜80）
日米を仮想敵国とする同盟関係。後に中ソ対立によって解消。
朝鮮戦争（1950〜）
社会主義陣営の北朝鮮と、資本主義陣営の韓国の戦争。現在も休戦中。
アジアの冷戦の最前線
中華人民共和国《ちゅうかじんみんきょうわこく》
日本《にほん》
中華人民共和国の成立（1949）
国共内戦に勝利した、毛沢東の共産軍によって建国される。
日米同盟
日本の国際社会復帰とともに結ばれた、日米安全保障条約から始まる同盟関係。冷戦終了後も同盟関係は継続しており、日本の安全保障の要になっている。
台湾海峡危機（1954〜）
国共内戦に敗れた国民党は台湾に中華民国（国民政府）を移す。中華人民共和国との衝突が続く。
アメリカ
インドシナ戦争
（1946〜1954）
フランスからの独立戦争。戦後、東側陣営の北ベトナムと、西側陣営の南ベトナムに分裂する。
：資本主義陣営（西側）
：社会主義陣営（東側）
：資本主義陣営の参戦・支援
：社会主義陣営の参戦・支援
：同盟
：軍事衝突

その時世界は？

日本が GHQ の占領下だった頃、パレスチナでイスラエルが建国を宣言

1945〜52年
1948年

1948 年、中東のパレスチナにおいて、ユダヤ人がイスラエルの建国を宣言した。2000 年近く流浪の民だったユダヤ人にとって、パレスチナはかつて祖国があった地である。そのため 19 世紀末以降、ここに安住の地を築こうというシオニズム思想がユダヤ人の間で盛んになり、多くの人々が移住。そして 1947 年の国連総会でパレスチナをアラブ人国家とユダヤ人国家に分割する決議が採択されたことを受けて、国家樹立を宣言した。アラブ諸国はこれに反発し第一次中東戦争が勃発。100 万人以上のアラブ人が難民となった。

イスラエル独立を宣言する初代首相・ベングリオン。

1955年　高度経済成長期がスタートする

日本が敗戦から数年で驚異的な経済復興を遂げた理由とは？

"所得倍増"を掲げた池田勇人
[1899-1965] 大蔵官僚を経て政界入りし、吉田茂の側近となる。財政の専門家として、大蔵大臣や通産大臣、内閣総理大臣などを歴任した。

アメリカの軍事力に守られ経済重視の政策を進める

1950年に勃発した朝鮮戦争では、日本は米軍の補給基地になった。米軍は日本企業に武器の製造や機械、自動車の修理など、さまざまな軍需物資を発注。これが日本が敗戦後の苦境から抜け出し、経済的に息を吹き返すきっかけとなった（**特需《とくじゅ》景気**）。朝鮮戦争が始まった翌年、工業生産は戦前のレベルを上回った。

国も電力や造船業、鉄鋼業を重点産業に定め、資金を積極的に投入して産業の成長を後押し。朝鮮戦争が休戦となって特需が終わった後も、経済の拡大は続いた。

そして日本は1955年頃から、**高度経済成長**期に突入する。まず造船や鉄鋼が経済成長の牽引《けんいん》役となり、次いで機械や電子機器分野の輸出額が伸張《しんちょう》した。国民の年収が上がり、生活に余裕が生まれると、それに比例して、消費意欲も旺盛になった。高度経済成長期前半は電気洗濯機・白黒テレビ・電気冷蔵庫（**三種の神器**）、後半は自家用車・カラーテレビ・エアコン（**3C**）が憧れの商品となり、人々はこぞってこれを買い求めた。1973年までの18年間で、日本の経済規模は約5倍に拡大した。

戦後の日本が驚異的な経済復興を遂げることができたのは、アメリカの存在が大きいといえる。GHQによる占領期から、日本が独立を回復した直後まで首相を務めた吉田茂は、**「親米・軽武装・経済重視」**を打ち出した。これはアメリカとの間で日米安全保障条約を結び、日本の防衛の多くを米軍に肩代わりしてもらうぶん、日本が経済政策に専念することを可能にしたものだった。吉田以降も、政権与党は基本的にはこの路線を継承していった。

またこの時期は、総人口に占める生産年齢人口（15～64歳）が増加し続ける人口ボーナス期にあたり、大量の労働力を市場に供給できたことも大きかった。彼らが生産する製品が日本の輸出産業を支え、また彼らの旺盛な消費意欲が内需を支えた。

高度経済成長は1974年に戦後初のマイナス成長を記録して終わり、その後は安定成長期と呼ばれた時代が続く。そして80年代末にバブル景気を迎えることになる。

歴史の流れ

日本は独立と同時に米国と日米安保条約を締結
▼
吉田ドクトリン
軽武装・経済重視路線
▼
高度経済成長
米軍の庇護下で経済復興
▼
国内消費と輸出が拡大
国民総生産も世界２位に
▼
経済復興と引き換えに対米従属も強まる

米軍の庇護下で日本の高度経済成長は20年近く継続した

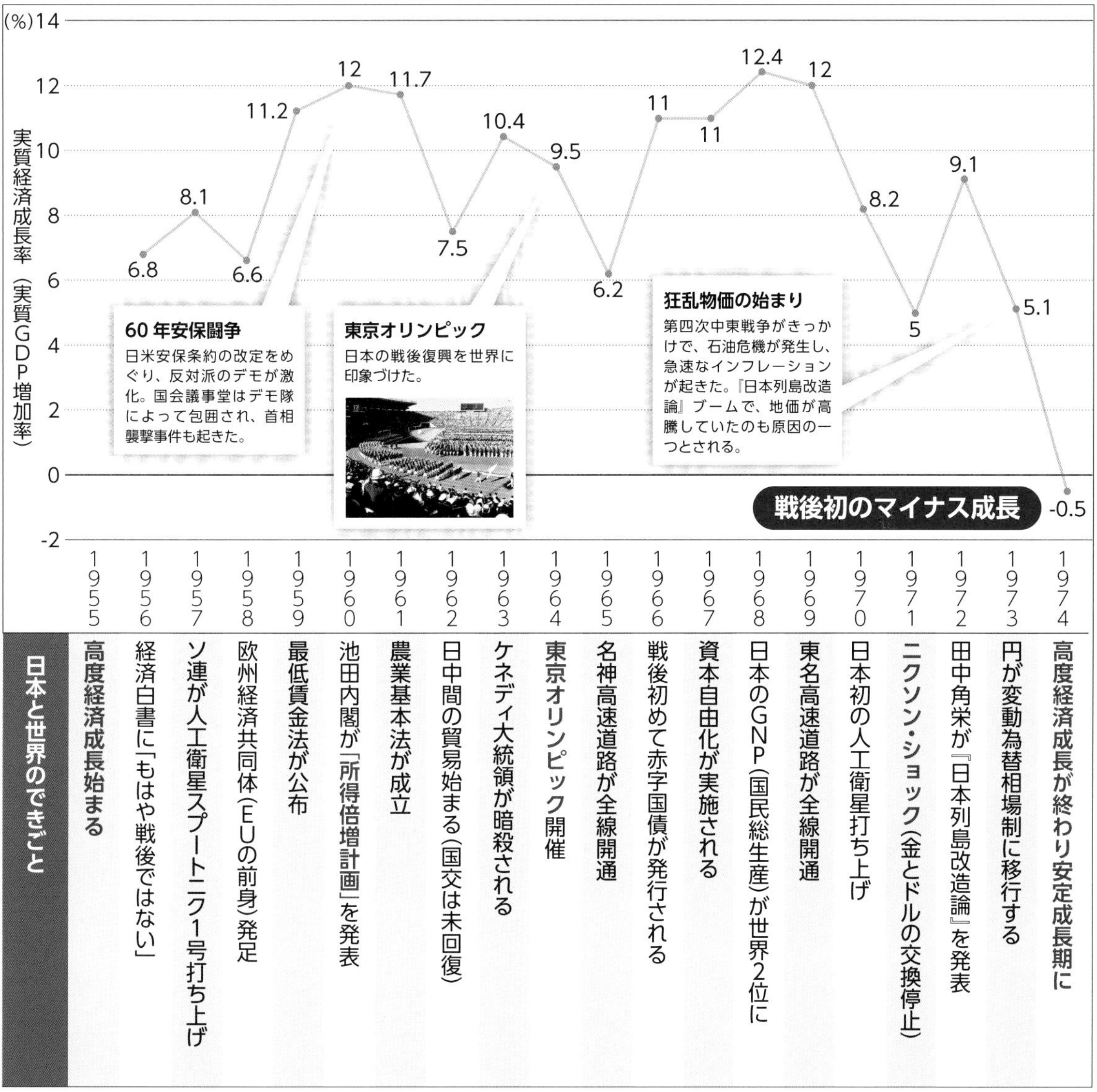
(%)
実質経済成長率（実質GDP増加率）
14
12
10
8
6
4
2
0
-2
6.8
8.1
6.6
11.2
12
11.7
7.5
10.4
9.5
6.2
11
11
12.4
12
8.2
5
9.1
5.1
-0.5
60年安保闘争
日米安保条約の改定をめぐり、反対派のデモが激化。国会議事堂はデモ隊によって包囲され、首相襲撃事件も起きた。
東京オリンピック
日本の戦後復興を世界に印象づけた。
狂乱物価の始まり
第四次中東戦争がきっかけで、石油危機が発生し、急速なインフレーションが起きた。『日本列島改造論』ブームで、地価が高騰していたのも原因の一つとされる。
戦後初のマイナス成長
1955
1956
1957
1958
1959
1960
1961
1962
1963
1964
1965
1966
1967
1968
1969
1970
1971
1972
1973
1974

日本と世界のできごと

1955	高度経済成長始まる
1956	経済白書に「もはや戦後ではない」
1957	ソ連が人工衛星スプートニク1号打ち上げ
1958	欧州経済共同体（EUの前身）発足
1959	最低賃金法が公布
1960	池田内閣が「所得倍増計画」を発表
1961	農業基本法が成立
1962	日中間の貿易始まる（国交は未回復）
1963	ケネディ大統領が暗殺される
1964	東京オリンピック開催
1965	名神高速道路が全線開通
1966	戦後初めて赤字国債が発行される
1967	資本自由化が実施される
1968	日本のGNP（国民総生産）が世界2位に
1969	東名高速道路が全線開通
1970	日本初の人工衛星打ち上げ
1971	ニクソン・ショック（金とドルの交換停止）
1972	田中角栄が『日本列島改造論』を発表
1973	円が変動為替相場制に移行する
1974	高度経済成長が終わり安定成長期に

その時世界は？

日本で高度経済成長が始まった頃、ソ連ではスターリン批判が行われた

1955年
1956年

1953年、ソ連で長らく権力をほしいままにしていた独裁者スターリンが死去。その3年後、後継者フルシチョフは、スターリンの恐怖政治を痛烈に批判する「スターリン批判」を行った。これに敏感に反応したのが中国の毛沢東だった。毛沢東も中国共産党において独裁者として君臨しており、スターリン批判は自分の批判につながりかねないと判断したのである。以降中国はソ連と距離を置くようになり、やがて中ソ対立にまで発展する。1969年には、同じ東側陣営でありながら、中ソ国境で軍事衝突も勃発した。

ケネディ大統領（右）と会談するフルシチョフ（左）。

1956年 日ソ共同宣言で国交回復・北方領土交渉開始

なぜ、ロシアは北方領土を日本に返還しないのか?

2島から4島返還へ 主張を転換する日本

日本が現在もロシアからの返還を求めている**北方領土**とは、択捉《えとろふ》島、国後《くなしり》島、色丹《しこたん》島、歯舞《はぼまい》群島の4島のことである。1855年に**日露和親条約**が結ばれてから、第二次世界大戦時まで、日露の国境は何度か変更されたが、北方四島だけは変わらず日本の領土だった。

日本は第二次世界大戦中、当時のソ連と**日ソ中立条約**を結んでいたが、大戦末期の1945年8月8日、ソ連は条約を破棄し、満州と南樺太への侵攻を開始。日本のポツダム宣言受諾後も攻撃を続け、9月5日までに北方四島を占領。現在に至るまで実効支配を続けている。1941年に米英によって発表された大西洋憲章では、連合国は敗戦国から領土の割譲を求めないことが宣言されており、当初はソ連もこれを支持していた。しかし、現在ロシアは、北方四島を戦争で勝ち得た正当な領土であると主張し、返還を拒んでいる。

その後、1951年に締結されたサンフランシスコ平和条約には、「日本は千島列島と南樺太を放棄する」という内容が盛り込まれた。ただし、同条約では千島列島の範囲が定められておらず、北方四島が千島列島に含まれるかどうかは不明だった。そのため、日本は当初「色丹島と歯舞群島は千島列島ではない」と2島返還を主張。のちに「択捉島と国後島も千島列島には含まれない」という4島返還に主張を転じた。同条約では千島列島をどの国が領有するかについても明記されていなかったが、実効支配しているのはソ連であるため、ソ連と交渉を行うことになった。

1956年の**日ソ共同宣言**では、両国が国交を回復するとともに、平和条約締結後、色丹島と歯舞群島を日本に引き渡すことが明記された。日本としては、この2島を先行して返還してもらったのちに、残り2島の返還交渉に臨む予定だった。しかし、4島のうち択捉島と国後島は天然資源が豊富にあり、2島間の国後水道が太平洋へと通じる軍事上の要所であるため、ロシアがこれを容易に手放すとは考えにくい。そのためロシアとは現在も平和条約は結ばれず、交渉は膠着《こうちゃく》状態に陥っている。

知床半島から望む国後島
北方四島の中でも、最も本土に近い国後島は、北海道本島から 20km しか離れておらず、目視することができる。

歴史の流れ

日露国境の北方四島は
開国以来日本の国土
▼
日ソ中立条約
相互不可侵を約束
▼
ソ連の北方四島占領
中立条約を一方的に破棄
▼
経済・軍事的な要地で
ソ連崩壊後も未返還
▼
今なお日露間の係争地
解決の目処は立たず

幕末の開国から日露国境は目まぐるしく変わった

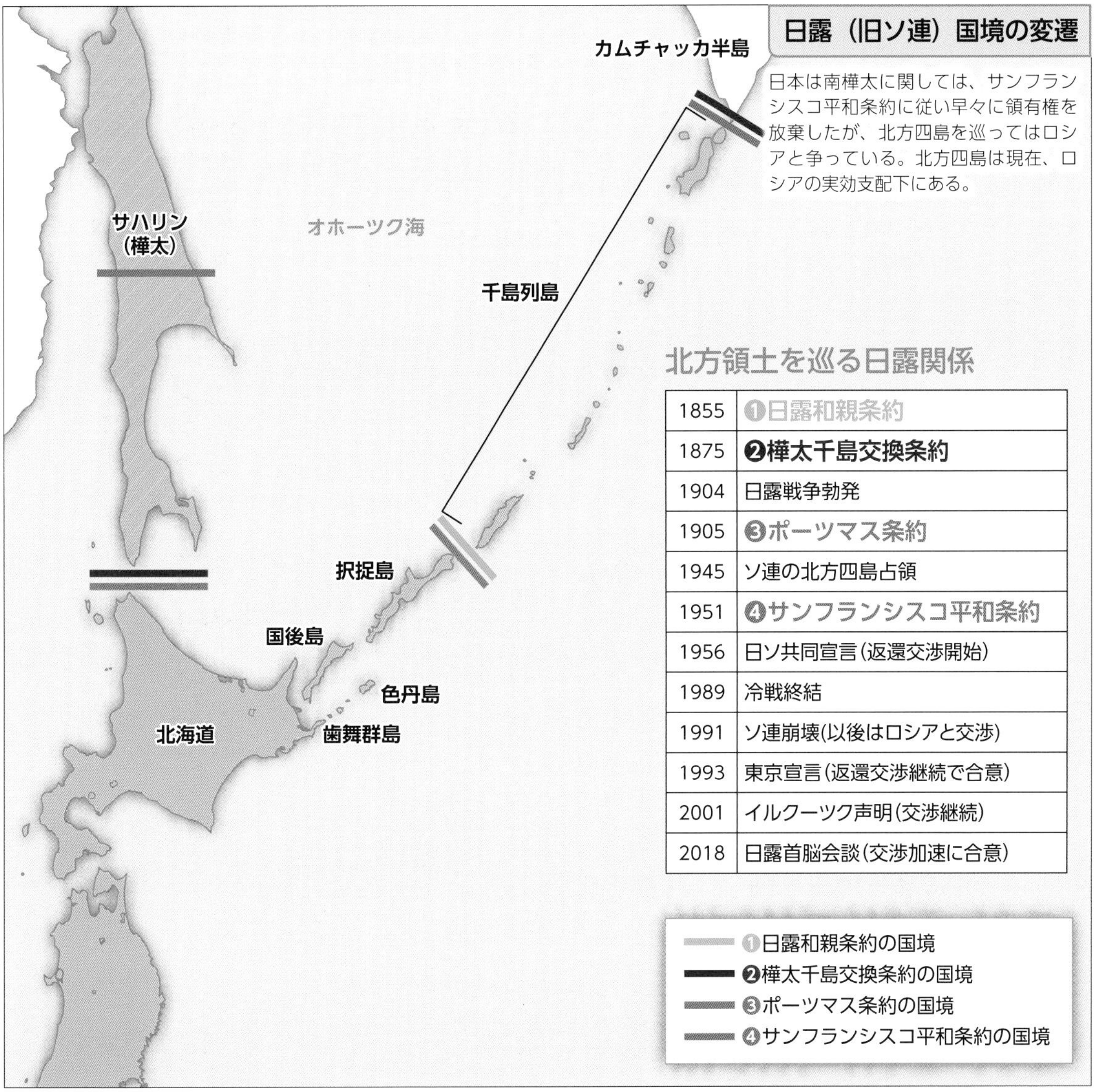

カムチャッカ半島
サハリン
（樺太）
オホーツク海
千島列島
択捉島
国後島
色丹島
歯舞群島
北海道
①日露和親条約の国境
❷樺太千島交換条約の国境
③ポーツマス条約の国境
④サンフランシスコ平和条約の国境

日露（旧ソ連）国境の変遷

日本は南樺太に関しては、サンフランシスコ平和条約に従い早々に領有権を放棄したが、北方四島を巡ってはロシアと争っている。北方四島は現在、ロシアの実効支配下にある。

北方領土を巡る日露関係

1855	①日露和親条約
1875	❷樺太千島交換条約
1904	日露戦争勃発
1905	③ポーツマス条約
1945	ソ連の北方四島占領
1951	④サンフランシスコ平和条約
1956	日ソ共同宣言（返還交渉開始）
1989	冷戦終結
1991	ソ連崩壊（以後はロシアと交渉）
1993	東京宣言（返還交渉継続で合意）
2001	イルクーツク声明（交渉継続）
2018	日露首脳会談（交渉加速に合意）

その時世界は？

日ソ共同宣言で日ソの国交が回復した頃、 1956年
米国はスプートニク・ショックに見舞われた 1957年

1957年、ソ連は世界初の人工衛星であるスプートニク1号の打ち上げに成功。米ソ冷戦の最中、宇宙開発でソ連に先を越されたことは、アメリカの威信を大いに傷つけ、スプートニク・ショックと呼ばれた。1961年にアメリカ大統領に就任したケネディは、宇宙開発競争において巻き返しを図るために、10年以内に月に人類を着陸させることを目指したアポロ計画を表明。この計画はケネディの死後、1969年に実現された。人類が月に残した偉大な一歩は、米ソ対立に後押しされたものだった。

日本の見本市で展示されたスプートニク3号の模型。

1972年 沖縄の施政権が日本に返還される

沖縄返還後も基地問題が解決されないのはなぜか？

東西冷戦が終結しても後方基地として重視される

1951年、日本はサンフランシスコ平和条約を締結し、独立を取り戻したが、**沖縄**と**奄美《あまみ》諸島**（鹿児島県）、**小笠原諸島**（東京都）は、その後もアメリカの施政権下に置かれたままだった。その後、奄美諸島が1953年に、小笠原諸島が1968年に返還されたが、沖縄だけは返還が実現しなかった。東西冷戦が激化する中で、アメリカはソ連や中国の拡大を防ぐための軍事拠点を東アジアに求めており、その拠点に選ばれたのが沖縄だったからである。アメリカは沖縄を施政権下に置き続けることで、大規模な**米軍基地**を建設し、軍事拠点として自由に使える状態を維持しようとしたのである。沖縄には住民を代表する琉球政府が設置されてはいたものの、アメリカの方針に反する意思決定はできず、自治権は極めて限られたものだった。

1960年代後半、**ベトナム戦争**が本格化すると、沖縄は米軍の前線基地となり、基地用地の接収がさらに進んだ。これに反対し、祖国復帰を求める住民運動が活発になり、ついにアメリカもその要求を無視できなくなった。1972年、沖縄は日本に返還されることになる。

しかし返還後も、基地の削減はわずかな面積に留まり、基地問題は改善されることはなかった。むしろ、日本の本土にあった米軍基地の削減だけは進んだため、在日米軍基地のうち、沖縄県が占める割合が、返還前の約60％から約70％に増加するという、皮肉な結果をもたらしたのだった。

1980年代末に東西冷戦が終結すると、沖縄の人たちは、今度こそ米軍基地の縮小や撤去が進むだろうと期待した。しかし、その希望はすぐに失望へと変わる。北朝鮮の核開発疑惑などが起きる中で、アメリカは引き続き沖縄の米軍基地を東アジアの安定の要として重視し、機能強化を進めていったのである。**中国の軍事的台頭**も脅威となる中、日本政府も、安全保障の観点から、沖縄の米軍基地は欠かせないという認識を崩していない。沖縄が「基地のない島」になる見通しは、現時点ではまったく立っていないと言える。

市街から望む普天間基地
沖縄県宜野湾市にある、在日米軍の飛行場。同じ沖縄県内の辺野古への移設が進められ、議論を呼んでいる。

歴史の流れ

第二次世界大戦後
沖縄は米の施政下に置かれる

▼

米軍の東アジアの拠点に

▼

沖縄の本土復帰
しかし基地は移設されず

▼

むしろ基地機能が
沖縄に集中する形に

▼

中国の脅威が高まり
基地の移転は進まず

米軍は沖縄を拠点に東アジアの安定を図った

沖縄と米軍基地・主要都市との距離

これ以外にも、東アジアには多数の米軍基地と、米軍が利用できる基地が存在している。沖縄はそれらの基地と、東アジアの主要都市のほぼ中心に位置している。

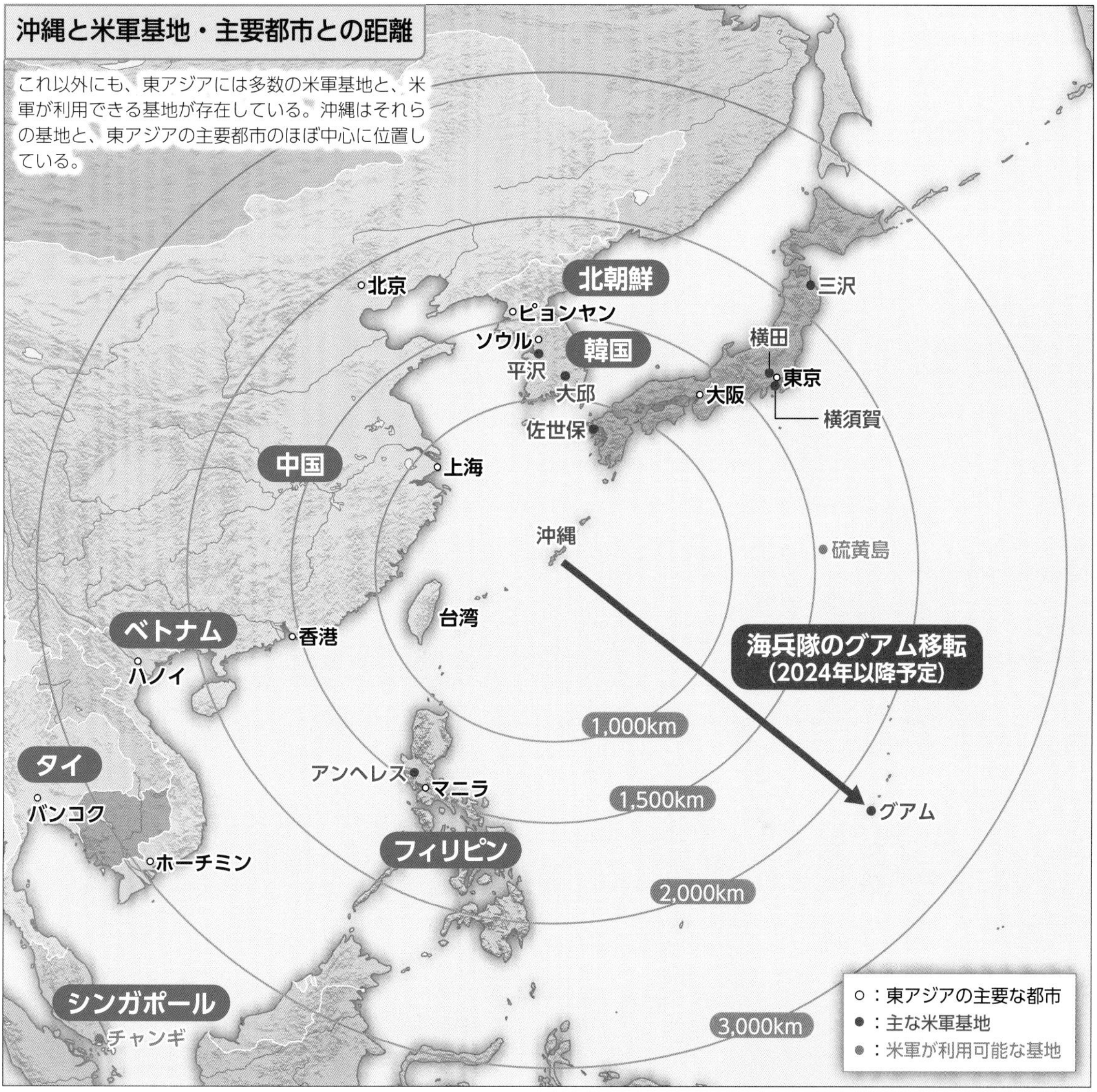
北京
北朝鮮
ピョンヤン
ソウル
韓国
平沢
大邱
佐世保
三沢
横田
東京
横須賀
大阪
中国
上海
沖縄
硫黄島
台湾
ベトナム
香港
ハノイ
海兵隊のグアム移転
(2024年以降予定)
1,000km
1,500km
2,000km
3,000km
タイ
バンコク
アンヘレス
マニラ
グアム
ホーチミン
フィリピン
シンガポール
チャンギ
○:東アジアの主要な都市
●:主な米軍基地
●:米軍が利用可能な基地

その時世界は?

沖縄がアメリカに返還された頃、ウォーターゲート事件が発覚する

1972年

1972年

沖縄が日本に返還された1972年、アメリカ大統領を務めていたのは共和党のニクソンだった。ニクソンはその政治手腕が高く評価されており、同年11月に行われた大統領選に勝利して再選を果たした。しかしその後、大統領選挙においてニクソン陣営の人間がウォーターゲートビルにあった民主党本部に盗聴器を仕掛けていたことが発覚。ニクソンがその事実を隠蔽していたことも明らかになった(ウォーターゲート事件)。大統領弾劾裁判での罷免が確実となったニクソンは辞表を提出。アメリカ史上初めて、任期途中で大統領を辞任した。

ニクソン大統領。東側との緊張緩和に努めた。

1989年 日経平均株価が史上最高値を記録

なぜ、バブル経済は崩壊し平成不況が長引いたのか？

日本が不況に苦しむ一方アメリカや中国が躍進

1974年、高度経済成長期が終わった日本は、安定成長期に移行。自動車や電気機械などの産業と輸出が大きく伸び、高い国際競争力を獲得することとなる。一方アメリカは、深刻な財政赤字や国際収支赤字を抱え、経済が低迷。そのためアメリカは1985年、先進国に対してドル高の是正を求め、日本を含むG5（先進5カ国）もこれを受け入れた（**プラザ合意**）。

これにより日本は円高基調となり、一転して輸出が不振に陥った。日本銀行は、景気対策として5次にわたる公定歩合の引き下げを実施。これが1980年代後半の**バブル経済**発生の原因となる。企業や個人が金融機関から低金利でお金を借りることができるようになり、そのお金が株式投資や不動産投資に注がれたことで、株価や地価が高騰したのだ。日本社会は未曾有《みぞう》の好景気に沸き立ち、日経平均株価は1989年の大納会において3万8915円（終値）の史上最高値を記録した。

日本銀行は、行き過ぎた経済の過熱を抑えるために、既に1989年5月より公定歩合の引き上げを段階的に始めていた。また大蔵省は銀行に対して、不動産向け融資の金額に制限を課す総量規制に踏み切った。これにより株価や地価は大幅な下落に転じ、バブル経済は崩壊。日本はそこからのちに**「失われた20年」**と呼ばれることになる平成不況に突入することになる。

金融機関は多額の不良債権を抱え、その対応に追われることになった。一方民間企業は新たな設備投資を控え、**リストラ**によるコスト削減によって、利益を確保することで精一杯となった。国内消費も低迷し、モノを作っても売れないために価格が下がる**デフレ**時代に突入。また労働者の平均年収も下がり始めた。

日本がバブル崩壊の後始末に汲々《きゅうきゅう》としていたのに対して、アメリカはITと金融の分野で、高い国際競争力を回復していた。また中国も改革開放路線が軌道に乗り、著しい成長を遂げた。そして2010年、日本は長らく維持してきたGDP世界第2位の座を、中国に明け渡すことになった。

“昭和”が終わり“平成”が始まる
1989年1月7日、昭和天皇崩御。60年以上続いた昭和が終わり、20世紀と21世紀をまたぐ平成時代を迎えた。

歴史の流れ

プラザ合意にもとづきG5がドル高を是正する
▼
円高による輸出不振
日銀が金融緩和を行う
▼
バブル経済
株価や地価の異常高騰
▼
バブル崩壊
資産価値が下落する
▼
平成不況に突入
国際的な競争力を失う

平成日本は長い景気後退に襲われた

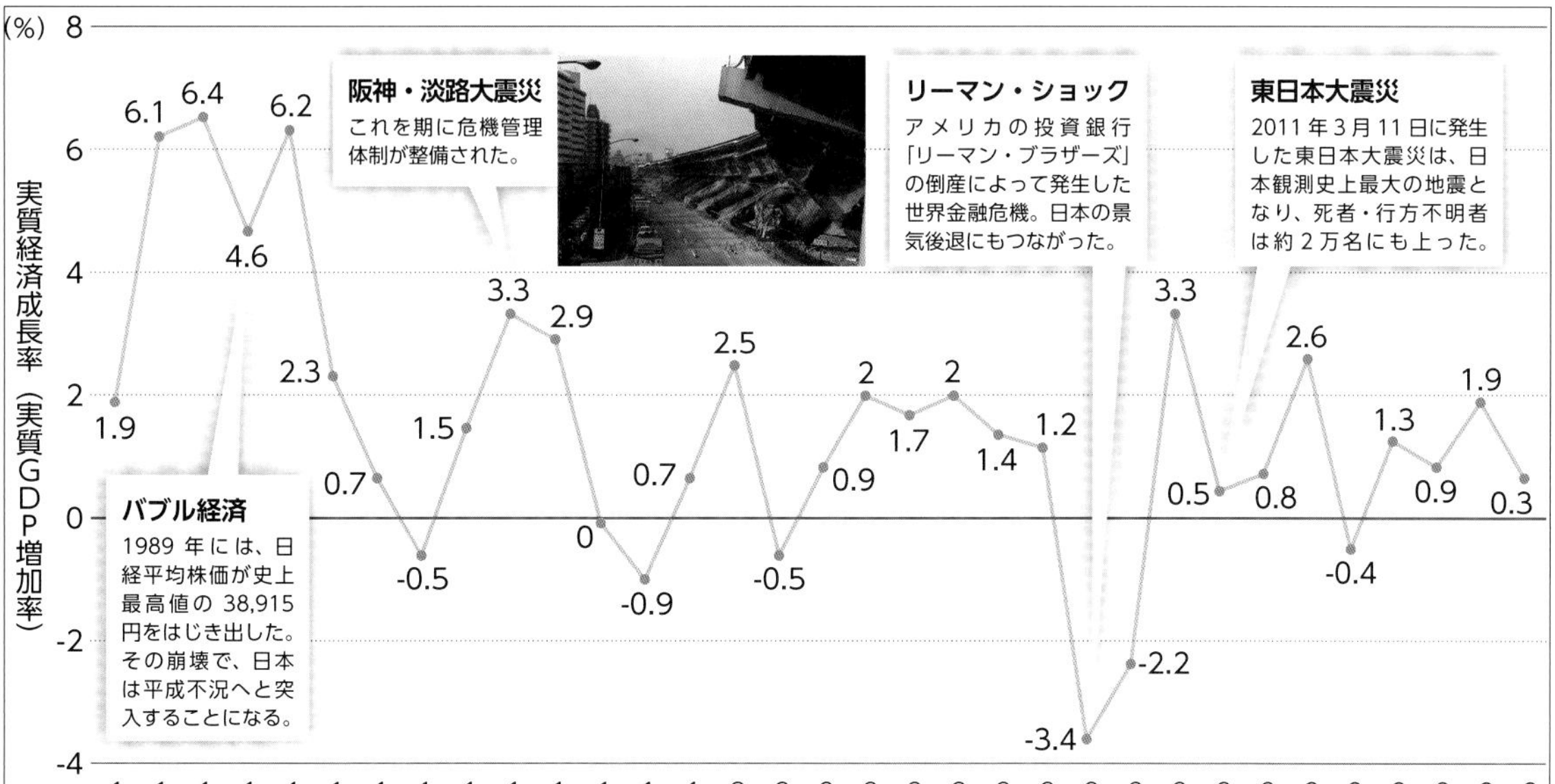
(%)
8
6
4
2
0
-2
-4
実質経済成長率（実質GDP増加率）
1.9
6.1
6.4
4.6
6.2
2.3
0.7
-0.5
1.5
3.3
2.9
0
-0.9
0.7
2.5
-0.5
0.9
2
1.7
2
1.4
1.2
-3.4
-2.2
3.3
0.5
0.8
2.6
-0.4
1.3
0.9
1.9
0.3
1986 1987 1988 1989 1990 1991 1992 1993 1994 1995 1996 1997 1998 1999 2000 2001 2002 2003 2004 2005 2006 2007 2008 2009 2010 2011 2012 2013 2014 2015 2016 2017 2018
バブル経済
1989年には、日経平均株価が史上最高値の38,915円をはじき出した。その崩壊で、日本は平成不況へと突入することになる。
阪神・淡路大震災
これを期に危機管理体制が整備された。
リーマン・ショック
アメリカの投資銀行「リーマン・ブラザーズ」の倒産によって発生した世界金融危機。日本の景気後退にもつながった。
東日本大震災
2011年3月11日に発生した東日本大震災は、日本観測史上最大の地震となり、死者・行方不明者は約2万名にも上った。

年	日本と世界のできごと
1986	バブル経済が始まる
1987	国鉄民営化によりJRが誕生
1988	ソ連でペレストロイカ（改革）が始まる
1989	平成が始まる。消費税（3%）の導入
1990	東西ドイツが統一される
1991	バブルが崩壊し、平成不況が始まる
1992	マーストリヒト条約が調印され、翌年EUが発足
1993	就職氷河期が始まる
1994	NAFTA（北米自由貿易協定）が発効
1995	阪神・淡路大震災と地下鉄サリン事件が発生
1996	アトランタオリンピック開催
1997	消費税率が5%に引き上げられる
1998	長野オリンピック開催
1999	男女共同参画社会基本法が施行される
2000	金融庁が発足する
2001	アメリカ同時多発テロ事件が発生する
2002	日韓ワールドカップが開催される
2003	日本郵政公社が発足する
2004	自衛隊のイラク派兵が始まる
2005	愛知万博が開催される
2006	北朝鮮が初の地下核実験を行う
2007	日本郵政株式会社が発足する（郵政民営化）
2008	リーマン・ショックが発生
2009	民主党が政権与党になる（政権交代）
2010	日本がGDPで中国に抜かれる
2011	東日本大震災発生
2012	自民党が政権に復帰する
2013	アベノミクスが始まる
2014	消費税率が8%に引き上げられる
2015	マイナンバー制度が施行される
2016	日銀がマイナス金利を導入
2017	ドナルド・トランプがアメリカ大統領に就任
2018	オウム真理教関連事件の容疑者が死刑執行される

その時世界は？

日本がバブル経済を迎えた頃、世界では東西冷戦が終結する

1986~91年
1989年

ソ連は1960年代以降計画経済が機能しなくなり、経済の停滞が続いていた。またアメリカとの軍拡競争により軍事費が財政を圧迫していた。1985年に共産党書記長に就任したゴルバチョフは、政治と経済の改革に着手。ペレストロイカ（再構築）、グラスノスチ（情報公開）、新思考外交思想（冷戦の否定）を打ち出した。そして1989年12月、ゴルバチョフはアメリカのジョージ・H・Wブッシュ大統領との間で冷戦の終結に合意した。ここに半世紀続いた東西冷戦は幕を閉じることになった。

マルタ会談時のブッシュ（左）とゴルバチョフ（右）。

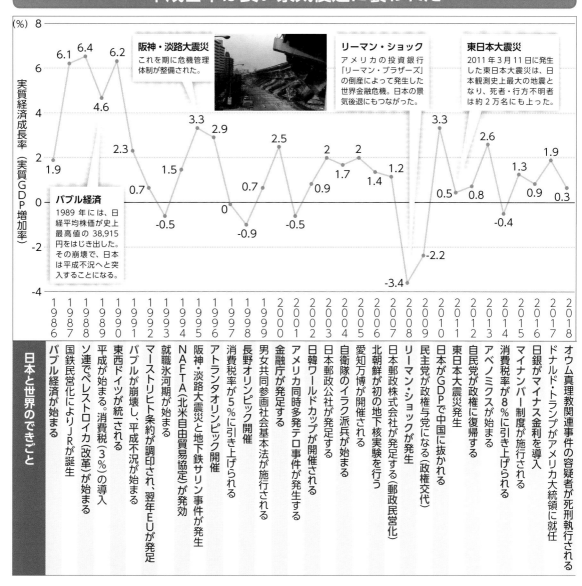

2015年　国会で安保関連法が可決される

なぜ、東西冷戦が終結しても日米関係は重要なのか？

安倍晋三首相（安保関連法成立時）
安倍晋三首相は、憲法９条の改正に関しても意欲的な姿勢を見せている。

冷戦後もアメリカとの良好な関係の維持を望む

東西冷戦期、日本はアメリカにとって共産勢力の拡大を防ぐ防波堤であり、何としてでも守るべき存在だった。一方、日本もアメリカの「核の傘」の下に入ることで、軽軍備・経済重視の「吉田ドクトリン」に従い、経済活動に注力。これが戦後の驚異的な経済成長として実を結んだ。

しかし1989年末、米ソは東西冷戦の終結を宣言。これは日本が共産主義の防波堤の役割を終えたことを意味しており、日米関係も変容を迫られることになる。

唯一の超大国となったアメリカは「世界の警察官」を自認し、世界各地で頻発していた地域紛争へ積極的に介入するようになった。一方で日本は、安全保障上の面から引き続きアメリカと良好な関係を保つことを必要とした。1994年に北朝鮮で核危機が起き、次いで中国の軍事的台頭が顕著になってくると、その重要性はさらに高まった。

日米関係を維持し続けるため、「アメリカのために何ができるか」を示すことを求められた日本は、1997年に**日米ガイドライン**（日米防衛協力のための指針）を改定する。従来のガイドラインは、日本が攻撃されたとき、防衛協力のあり方を定める内容だったが、この第二次日米ガイドラインでは、日本だけでなく、日本の周辺で有事が発生した際の防衛協力のあり方も定められた。日本は日本本土のみならず、その周辺での米軍の活動に対しても、後方支援ができるようになったのである。

さらに2015年に改定された第三次日米ガイドラインでは、「日本の平和と安全に重要な影響を与える事態は地理的に定めることができない」と明記され、日本の後方支援活動の領域は、世界規模に拡大した。そしてこの年には、同盟国が他国に攻撃され、それが日本の平和を脅かすと判断されたときには、日本が他国を攻撃できる**集団的自衛権**の行使を認めた**安保関連法**も国会で可決された。

ここでいう同盟国とは当然アメリカを想定したものだ。こうして、日米関係は、より軍事同盟色の強いものへと変化していったのである。

歴史の流れ

ソ連が崩壊し
冷戦が終結する
▼
中国や北朝鮮など
近隣諸国の脅威
▼
親米外交の継続
イラク戦争などを支持
▼
米国は日本に対し
東アジア安定の
責任分担を求める
▼
集団的自衛権を認め
軍事的協力も視野に

日本は周辺４カ国と外交問題を抱えている

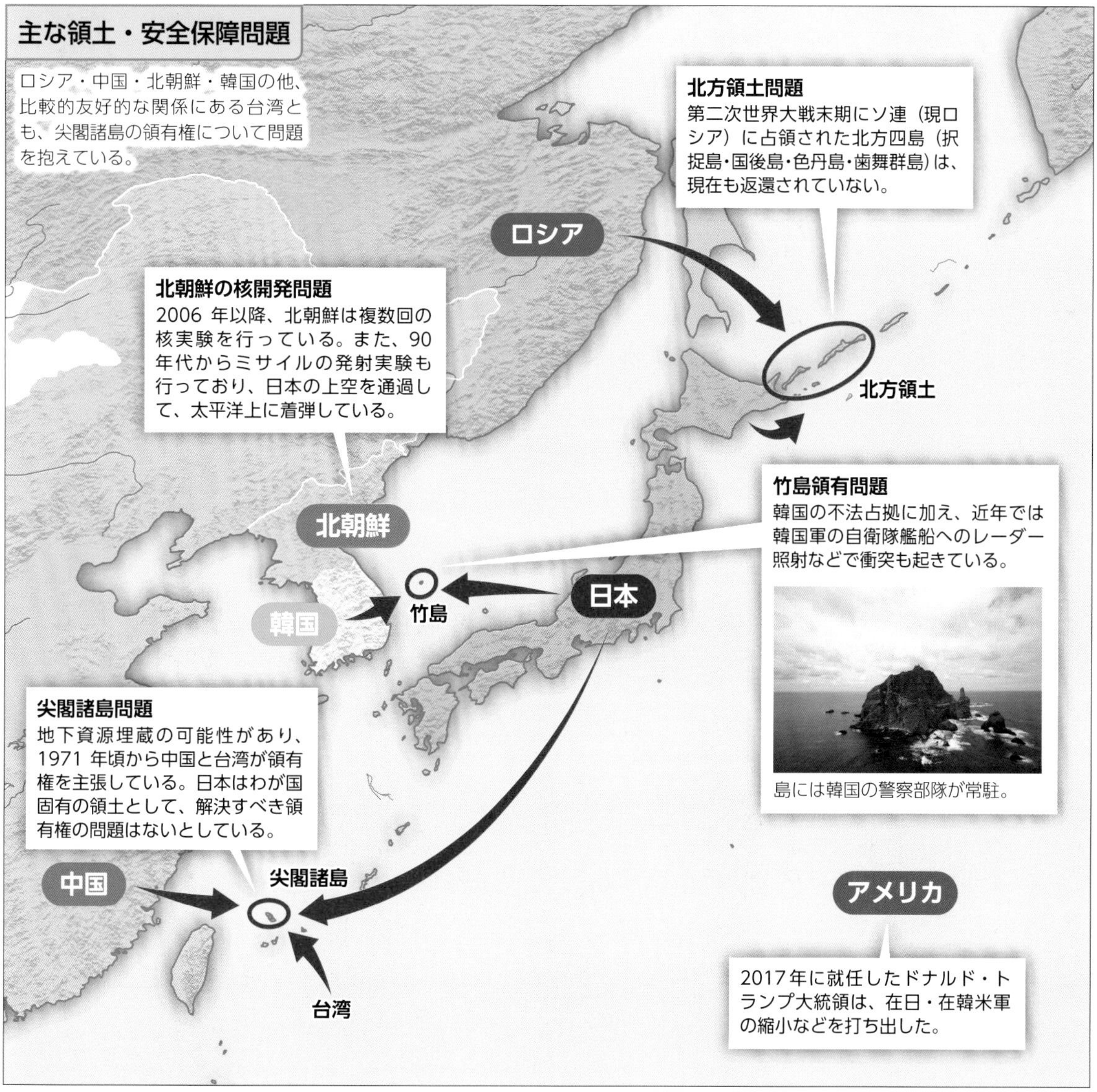
主な領土・安全保障問題
ロシア・中国・北朝鮮・韓国の他、比較的友好的な関係にある台湾とも、尖閣諸島の領有権について問題を抱えている。
北方領土問題
第二次世界大戦末期にソ連（現ロシア）に占領された北方四島（択捉島・国後島・色丹島・歯舞群島）は、現在も返還されていない。
ロシア
北方領土
北朝鮮の核開発問題
2006 年以降、北朝鮮は複数回の核実験を行っている。また、90 年代からミサイルの発射実験も行っており、日本の上空を通過して、太平洋上に着弾している。
北朝鮮
竹島領有問題
韓国の不法占拠に加え、近年では韓国軍の自衛隊艦船へのレーダー照射などで衝突も起きている。
日本
韓国
竹島
尖閣諸島問題
地下資源埋蔵の可能性があり、1971 年頃から中国と台湾が領有権を主張している。日本はわが国固有の領土として、解決すべき領有権の問題はないとしている。
中国
尖閣諸島
台湾
アメリカ
2017年に就任したドナルド・トランプ大統領は、在日・在韓米軍の縮小などを打ち出した。

島には韓国の警察部隊が常駐。

その時世界は？

日本で安保関連法が可決された頃、ヨーロッパではシリア難民が激増していた 2015年

2011 年、シリアで民主化運動が発生すると、アサド大統領はこれを徹底的に弾圧したため、政府勢力と反政府勢力による内戦に発展した。テロ組織 ISIL の介入などもあり、40 万人以上の死者を出しつつ、内戦はいまだ継続中である。2015 年には、この内戦の激化で発生したシリア難民が大挙してヨーロッパに押し寄せ、その人数は 1 年間で約 130 万人に達したとされる。ヨーロッパでは、難民のことを、自分たちの生活を脅かす存在と考える人も現れ、ポピュリズム政党の台頭を許す大きな要因となった。

ボートで海を渡り、ギリシアにまでたどり着いたシリア内戦の難民。

【企画・編集】
かみゆ歴史編集部（滝沢弘康・丹羽篤志・青木一恵）

【執筆】
中丸満（P6～37）、三城俊一（P38～65）、長谷川敦（P66～95）

【装丁・デザイン・図版】
株式会社ウエイド

【校正】
株式会社聚珍社（福所まゆみ）

【写真協力】
朝日新聞フォトアーカイブ、九州大学附属図書館、灸まん美術館、宮内庁三の丸尚蔵館、高台寺、国立公文書館、国立国会図書館、佐賀県立名護屋城博物館、下田了仙寺、市立函館博物館、神護寺、関ケ原町歴史民俗資料館、大徳寺、田原市博物館、長興寺、天理大学附属天理図書館、東京大学史料編纂所、東京都立中央図書館、鳥取市歴史博物館、長崎歴史文化博物館、那覇市歴史博物館、日本ラジオ博物館、本徳寺、ColBase、DNPartcom、PIXTA、PPS

オールカラー 図解 流れがわかる日本史

2020年9月4日　第1刷発行

編 著 者	かみゆ歴史編集部
発 行 人	松井 謙介
編 集 人	長崎 有
企画編集	早川 聡子
発 行 所	株式会社　ワン・パブリッシング 〒141-0031　東京都品川区西五反田 2-11-8
印 刷 所	大日本印刷株式会社
製 本 所	株式会社若林製本

●この本に関する各種お問い合わせ先
本の内容については、下記サイトのお問い合わせフォームよりお願いします。
https://one-publishing.co.jp/contact
在庫については　Tel 03-6431-1205（販売部）
不良品（落丁、乱丁）については　Tel 0570-092555
業務センター　〒354-0045 埼玉県入間郡三芳町上富 279-1